不必偽裝的影響力

思×合
維　作

崔璀

■

著

目錄

眾（觀眾）都應具有重要性，要有「讓對方願意聽完整個故事」的基本目標。

打動別人的能力，是影響力的一種表現。你必須把對方當成合作者，不能只沉浸在自己的認知中，你只有破除「知識的詛咒」，才能在情感上打動對方。

想方設法調動聽眾的視覺、嗅覺、味覺、聽覺和觸覺，把對方拉進你的世界，讓他感同身受。判斷你的語言是否足夠感官化的標準是：你的描述能否讓對方在腦海中形成一個畫面？

若想用別人樂於接受的方式影響他們，首先你自己應該處於一個愉悅的、想主動達成目標的狀態。不要一味委屈自己，學會說「不」，是發揮影響力的重要前提。

我們對拒絕往往有一種「黑色想像」，以為拒絕對方，兩人的關係就完了。實際上，你可以有條件地接受對方的需求，拒絕需要拒絕的部分，開拓更多的可能性。

有效溝通

拒絕

應對衝突

以合作思維來認識老闆和
員工的關係

　　很多的管理者在感嘆，年輕人不好管理，以前靈驗的權威和命令不再那麼理所當然，只會令他們離開。同時，年輕人也在尋求有效的方式，以表達訴求和向上管理。

　　在萬物互聯的時代，我們生活和工作的方式發生了很大的變化。這個時代的特點是資訊爆炸，而資訊就是權力。傳統權力在很大層面上來源於資訊壟斷。網路時代打破了資訊壟斷，為此，權力的基礎發生了改變，不再來源於資訊壟斷，以及基於資訊壟斷的發號施令，而是來源於資訊共享基礎上的認同和整合。這種資訊共享基礎上的認同和整合，我認為，在很大程度上與本書闡述的「深度影響」是一致的。

　　回到管理的問題，在這個時代，年輕人更能接受「被影響」，而不是「被告知」或者「被控制」。以影響力來做管理，其實就是管理學中的領導力研究範疇，只是在現在更顯

必要了。我在數位時代組織管理研究中，反覆強調管理者領導力的訓練，強調領導者的新角色和新內涵，就是源於這是一個需要特別重視的話題。

任何時代都有鼓舞人心的領導者，而在網路時代，領導者的素質已經成為必備，管理者需要，員工也需要，影響力是一種面向未來的能力。本書提供了一套培養影響力的方法：以合作思維為底層原則，以共情能力為基礎前提，摒棄考試思維，找準老闆的核心需求，找準員工的深層需求，以共同目標和合作思維來進行共情式溝通，以合作式批評來處理工作中的矛盾、拒絕、衝突。

書中有很多有趣又有理的觀點，值得我們分享：

「在一個追求平等和尊重的時代，我們都渴望被關注，因此，時代的紅利屬於傾聽者」。傾聽是一個典型的合作思維之下的行為習慣。你沒有影響力，不是因為你的金錢、權力、能力不夠，而是因為你缺少了一種底層思維方式。是什麼思維方式呢？合作思維。

還有這樣的說法——「我們在工作，不要談情緒，只談事情」。有一些人認為共情是很低效的事情，但事實恰恰相反，共情不是只談情緒，共情是先處理情緒，再處理事情。你不必喜歡或崇拜權威，也不必怨恨他，但你需要管理他，讓他

為組織的成效、成果以及你個人的成功提供資源。

　　我們的工作中並非都是毫無餘地的必解之題，只要跳出考試思維，你就不再是個悶著頭也做不出題目的被動考生。你可以成為和對方合作，共同確定目標、達成目標的主動玩家。很多人之所以不敢提需求，是因為他們把自己當成了商品，他們沒有意識到對方和自己是合作關係：「我們是平等的、相互需要的。」

　　解決衝突的兩個有效步驟是：第一步，對人不對事，即在衝突中照顧好自己的情緒，認真傾聽，保持共情。第二步，對事不對人，即把焦點放在事情本身，不要對人進行評判。

　　書中還有很多精彩的觀點，以我的經驗，這些都是簡單易行卻行之有效的法門，更應是工作與生活中的價值基礎。

　　讓我們一起來做做這個思維體操吧。

陳春花

北京大學王寬誠講座教授，國家發展研究院 BiMBA 院長

我不需要變成誰，
也能擁有自己的影響力

我常常問別人一個問題：「在這個時代，你覺得自己最想擁有的能力是什麼？」

有人認為是會說話的能力，有人認為是協調資源的能力，也有人認為是看穿別人內心的能力。想來有趣，這些能力的背後似乎都包含一種期待，就是想通過自己的某些能力，在與人互動的過程中，達成某種自己想要的結果。

如果要我說，這種期待指向的就是一種能力：影響力。

讓我們看看這些場景：

- 坐在你面前的是一位出名難搞的客戶，你如何能在 3 小時談判後扭轉局勢，拿下這個單子？
- 老闆似乎總是一意孤行，你已經壓力巨大、夜不能寐，如何才能向上管理，影響老闆的決策？

- 你愛上了某個人，他才華橫溢、談吐有力，你期待自己能打動對方，卻遲遲不敢向前？
- 你已經進入一段親密關係，但隨著時間的推進，你與他的溝通越來越困難，你們互相不理解。那麼，你要怎麼做才能得到期待中的愛，而不是像現在這樣，在最親密的人面前，卻感到越來越孤獨？

這些時刻，如果你擁有這樣一種能力——用別人樂於接受的方式，改變對方的思維，從而實現自己的目標，一切會不會不一樣？

你需要的，就是影響力。

沒錯，自然語言處理和搜索專家吳軍先生在《見識》這本書裡說過，我們對身邊人的影響力，決定了我們的幸福程度，因為生活中 80% 的問題都是關係問題。與榮格、佛洛伊德齊名的個體心理學家阿德勒也說過類似的觀點，「人的煩惱皆源自人際關係」。

通過影響力讓關係變好，你就解決了生活中 80% 的煩惱，自然也會更幸福。

這些，是從微小的層面來說影響力。

如果我們試著把影響力放到更大層面上去看，就會發

現，它恰恰符合社會的發展。

　　社會在不斷新陳代謝中，變得越來越多元化。我們從重農抑商的封建社會，一路發展到現在的商業社會，越來越多受過良好教育的年輕人成為社會的主力軍，相較而言，他們更能接受「被影響」，而不是「被告知」或者「被控制」。《哈佛商業評論》裡有篇文章的描述很有趣：年輕一代對至高無上的權威沒有多大忍耐力，靠自上而下的權威早已無法管理好年輕人占多數的組織構結構，因為他們會離開。這也是我常常聽到的說法：很多管理者聚在一起，他們會嘆口氣說：「唉，現在的年輕人不好管啊，一不高興就辭職。」

　　再看現在的商業社會：網際網路急速發展，造就了去中心化的互動構結構。這意味著更多個體中心的崛起，而近期流行的私域流量，更是代表著每一個個體都有自己的發聲途徑。流量面前人人平等，在這個時代，有人僅靠朋友圈就可以年入百萬。

　　回到家庭生活中，我們的家庭構結構也悄然發生著變化，如今再也不是父輩家長一發話，大家都服從敬畏的家長制了。孩子們的想法越來越多，倡導平等尊重的新型養育方法，正在每一個新成立的家庭裡盛行。在這些變化面前，我們沒辦法再用集權、控制和高壓的方式與人相處。此時，用

別人樂於接受的方式，似乎更迫切了。可以說，影響力是一種面向未來的能力。

　　其難點在於，很多人覺得自己沒有影響力。

　　「我在工作和生活中，時時處處都在被別人影響。」

　　「只有名人、最有權威的人，或者是有錢人，才有可能擁有影響力。」

　　「影響力代表著金錢、權力，代表著強硬和進攻。我不僅沒錢沒權，而且性格內向、口才不好。從小到大，我在人際關係中都是被動的，一直都是別人指揮我，我的心願和訴求好像從來沒被看見過。」

　　「隔壁那個女生，不僅有老人幫她帶孩子，而且她丈夫還全力支持她創業，給她出謀劃策。我天天全心全意照顧孩子，家人還時不時地指責我。」

　　「同樣的話，為什麼她說別人就聽，我吐沫星子飛半天，大家打個哈哈就過去了？」

　　「一起接觸的客戶，怎麼她就和他們建立了那麼好的關係，而我仍然只是他們的朋友圈好友？」

　　「影響力？我跟影響力的距離，大概也就一個光年吧。」

如果你留心觀察，這些對影響力的誤解，隨處可見。沒錯，我說的是，誤解。

本書旨在打破這樣的誤解，重新建立我們對影響力的認識：人人都需要有影響力，人人都能有影響力。你沒有影響力，不是因為你金錢、權力、能力不夠，而是因為你缺少了一種底層思維方式。什麼思維方式呢？合作思維。

這就是本書的核心思路——影響力的本質就是合作思維。

舉個例子，比如加薪是職場常見的問題。但是 10 個人中有 9 個人，都不敢主動和老闆談薪資。為什麼？很多人覺得：「老闆不希望我加薪，因為會增加公司的成本，那麼我只能降低自己的使用成本，才能讓老闆繼續雇用我。」

你有沒有意識到，在這個過程中，你把自己當成了一種商品——只有商品才會有成本，所以你只能等著被挑選，而且只有犧牲一些東西，你才能被他人選擇。老闆和員工之間是不平等的。

如果有這樣的想法，那麼你從一開始就輸了。你會恐懼談加薪，而這種恐懼會讓你變得憤怒。你幻想著血汗老闆正在剝削你。哪怕你實在受不了了，坐到了老闆面前，你也會因為底氣不足，講話吞吞吐吐、斷斷續續，完全說服不了對方。

　　但是，如果你有合作思維，那麼你會這樣想加薪這個問題：「我能坐在這裡，證明我跟老闆已經是合作關係了，他需要和我一起實現公司發展，而我需要公司的平台才能實現自我成長，所以才會有和老闆共事的這個事實，我們是合作關係，是平等的。我有對老闆的需求，老闆也有對我的需求，雙方把各自需求拿出來，各自滿足了，才能讓合作變得更順暢。」你會意識到，老闆只有滿足你的加薪需求，才能更好地激發你的底層動力，同時，你也要想明白，給你加薪能給老闆帶來什麼好處——比如你可以負責一個公司的年度大業務業務，或者是保證完成今年的業績。在這種心態下，提加薪就變成了一種平等的交談。

　　有了合作思維之後，你的心態就變了，變得從容、平等，你會覺得自己是「值得」的。你敢於提出自己的需求，達成自己的目標，那麼你就在老闆及重要的客戶面前自然而然地發揮了自己的影響力。

　　再舉個例子。

　　你在職場挨過罵嗎？我從職場小白一路做到上市公司COO（運營長），再到基金公司投資合伙人，被罵的次數數不勝數。我跟隨10年的老闆是一個才華橫溢的完美主義者，他對錯誤的容忍度為零。更可怕的是，他的表達能力非常

好，經常直指我最脆弱的部分，毫不留情。你由此可以想像我被罵時的慘狀。

任何一個職場人，越是風生水起、收獲滿滿，他經歷過的打擊和挫折也就越多。有多少次，我們的眼淚憋在心裡，緊張得手腳發抖，試圖證明自己是對的，卻常常弄巧成拙，沮喪得不得了。我們會一方面陷入巨大的自我懷疑中，引發性格中的自卑；一方面又滿懷怨恨，覺得老闆霸道無理、太過強硬。

我曾經也是這樣——這是非合作思維下的狀態。只要我被批評了，我就覺得「完了，我要失去這份信任了」。之所以會產生這種想法，是因為我的非合作思維模式把合作當成了結果：「只有我做到了某事，我才能和對方合作。」相反，合作思維認為，合作是一切的前提，我和他人首先是合作關係，之後才會有日後的一切互動。當我擁有了合作思維後，我忽然意識到，老闆跟我是合作關係，我們是因為某一個共同目標，才有了這樣一次次的衝突，否則，我們根本就是這個星球上毫不相干的兩個個體，不會有任何交集。

合作就是一切的前提。請記住這句話。如果我們的共同目標是為了實現公司的成功，那麼老闆對我做的事如此憤怒，一定是他從自己的經驗中，判斷出有些錯誤已經觸犯到

了他的底線。我從關注自己的面子和感受，從反抗和對抗，轉化為好奇：我想要探究他到底想從這些言語中告訴我什麼。

合作思維啟動後，我不再認為跟老闆的互動只是被「裁決」，我開始認為這是有意義的對話，是學習的機會，我甚至開始享受他的質疑和挑戰，那是他特別給我而不是給別人的補課時間。我開始變得從容，不慌不忙地吸收、回饋，跟老闆一起探討；老闆也比從前更容易聽取我的意見了。

在這個過程中，我逐漸擁有了自己的影響力。

這可不是我個人的「阿 Q 精神」，香奈兒前全球 CEO 莫琳‧希凱（Maureen Chiquet），臉書 COO 雪柔‧桑德伯格（Sheryl Sandberg），都在自傳中寫到過這種思維轉變的過程。我也會在書中跟大家逐一分享。

合作思維就是本書的最底層思維，它是我們發揮影響力的核心。影響力不是指說話說得漂亮，不是謀略多端，不是氣場十足，不是壓倒對方──影響力意味著擁有合作思維。在這之上，一切互動都被看作共生的、成就彼此的，在這個轉化中，你將成為一個擁有影響力的人。不知不覺中，你會在與所有人的互動中，擁有一種讓人樂於改變的能力。

在本書中，我會通過分析對比，帶你拆解若干人際互動中最關鍵的能力，包括傾聽、共情、表達、應對衝突等等。

你會發現，一旦把合作思維植入其中，那些原本看似普通和常見的問題，都會因為有了合作思維帶來的扭轉而擁有全新的力量。

同時，我挑選了國內外數位有影響力的女性，她們是女性影響力的代表人物，包括美國前總統夫人蜜雪兒・歐巴馬（Michelle Obama）、臉書 COO 雪柔・桑德伯格、美國前國務卿希拉蕊・柯林頓（Hillary Clinton）、香奈兒前全球 CEO 莫琳・希凱等。我將通過她們的親身經歷經歷，鮮活地呈現出合作思維的巨大效能。

作為一個職場女性，我經歷經歷過職場中很多艱難的時刻，並且努力在諸多男性高級主管中發出自己的聲音，回應部分男性對女性不公平的眼光。作為一個母親，在這個不進則退的時代裡，我一邊忙於給孩子提供最好的陪伴和教育，關注孩子的人格發展；一邊為了實現自我價值，在工作中毫不鬆懈。

作為一個女人，我渴望溫柔的親密關係，希望被愛人理解，並愛護自己、保持運動、持續閱讀。在與這個世界的互動中，不斷達成與自己的和解。

你看，我們都有些貪心，但是我們值得擁有更美好的生活，所以我們要學會滿足自己。

　　對女性來說，實現自我，是一個漫長的過程。在久遠的過去（也許現在也還有殘留），舊有的觀念認為女性若要發揮影響力，只有通過性別──更赤裸一點說，是通過「性」。似乎除了這個性別特質之外，女性別無他選。女性要通過依附男性才能發揮影響力，比如嫁一個好男人，最終得到男性權威的扶持。

　　隨著社會進步，女權運動開始萌芽、生長，越來越多的人提倡男女平等，女性影響力進入一個全新的時代。但我們不得不承認，一部分的女性似乎有一點矯枉過正──她們試圖通過證明自己「一切都可以做到而且比男性做得更好」，讓自己被他人重視；她們強調女性「要剛強、要堅硬」。在我的印象當中，很多美國大片裡的女超人基本就是男超人的翻版，她們大都肌肉壯碩、行事凶悍。有時候，我會覺得這些表現形式似乎是以不承認女性特徵，進而要求女性擁有非女性特質的方式來證明女性的力量。

　　時至今日，更加多元化的時代到來了，固有的觀念需要被顛覆。我希望通過本書讓大家看到，作為女性，你可以保持完整的女性氣質，同時擁有強大的影響力。

　　女性天生就適合合作，她們有團隊協作意識；女性天生有更強的傾聽能力、共情能力，以及表達需求的能力。只要

有合作思維的加持，這些天賦都能成為影響力的一部分。

身為女性不是一種障礙，而是一種優勢，是內在力量的源泉。

我精心挑選的這些頗具影響力的女性故事，也在不斷給我們這樣的信心。

我希望本書除了能幫你樹立合作思維的意識、獲得合作思維的能力之外，還能給你帶來某種信念：

我希望你相信自己。相信自己的意義，不是讓你挑戰權威或是壓倒某人，相信自己的意義在於：你能為這個社會做出貢獻——貢獻新的視角、新的願景、充滿啟發性的觀點。雖然生活充滿了種種不確定性，但可以確定的是，這個世界上存在著更本質、更深刻、更美好的東西，它需要我們通過發揮自己的影響力，去發掘、去實現。

不要輕易錯過那些重要的東西，願影響力成為你的守護者。

第 1 章

擁有影響力的前提，
是建立合作思維

合作思維把合作當成前提：

你真的知道別人的真實想法嗎？

影響力是用一種別人樂於接受的方式，改變他人的思想和行動的能力。

這句話聽著簡單，但如果仔細推敲，你就會意識到其中有一個特別的關鍵詞，也是難點，叫作「樂於」。在我們傳統的理解中，要改變別人，就是要扭轉別人的想法，讓對方甘拜下風；而且，你要足夠強硬、主動出擊，還要能說會道、氣場強大。

但我們不得不承認，即使我們努力讓自己變得強大，我們還是會遇到不那麼理想的情況。

比如，在職場上，你是一名管理者，表達能力不錯，你的下屬看上去都很配合，至少你說話的時候，他們都點頭表示認同。但奇怪的是，在業務推進過程中仍然會出現各種很低級的問題——你提醒了很多次，講得口乾舌燥，但他們好像沒什麼主動性。奇怪了，為什麼每次你像機關槍似的說半天，但是得出的結果還是不盡如人意？這讓你忍不住感嘆：「真是千金難買溝通成本啊，我都說了多少遍，怎麼還是不行！」

在生活中，你是一位妻子，下班回到家，又聽到丈夫一通抱怨——他在工作上也遇到了煩心事，新上任的老闆並不那麼看重他。你一下子著急了，立刻分析了幾點，把事情剖

析得清清楚楚，指出他的問題在哪裡。

但奇怪的是，他臉色比進家門時還難看，他起身躲進廁所，半天不肯出來。你問他怎麼了，他也沒反應。之後很長一段時間，你發現他好像很少跟你聊工作了。

你還是一位媽媽，快到睡覺時間了，才發現孩子還有作業沒做完。你火冒三丈：「我都說了多少遍了，要自己主動學習！你學習不是為了爸爸媽媽啊！你知道有個理論叫『一萬小時定律』嗎？就是要勤學苦練……」

就在這時，雖然你嘴上說著，心裡也開始疑惑：說了這麼多次，怎麼一點用也沒有呢？

只要你稍加留心就會發現，這種情況幾乎每天都在發生。很多人都覺得自己過得很辛苦，但辛苦不是忙得團團轉──因為無論多忙，只要成就感爆棚，我們也不會覺得累──真正的辛苦是做了很多卻沒有成效。這會讓人非常失落、懷疑自我。這種時刻，我們往往會覺得：「想要達到目標，想要改變別人，我還得更加努力，得提升自己的表達力，把話說得更精準、更到位。」

但是等一等，我們在這裡多停一會兒。

當你做得足夠多，但仍然事與願違時，你不妨停下來想一想，是不是你努力的方向錯了。再進一步說，是不是你的

努力，正在「維持」著你的事與願違。就像是一輛車開錯了方向，這時候你踩油門加速，不過是南轅北轍。

如果是這樣，你再怎麼努力，恐怕也到不了終點。

我們來換一個視角：你說了很多話，不但沒用，而且絲毫沒有影響別人，這很有可能不是因為你不會說或說得不夠好，而是因為——你不會「聽」。

在傳統的觀念中，相比傾聽，人們更看中表達。市面上教大家溝通的圖書、課程，多數都在教我們怎麼說話，而且不斷有精英人士告訴我們，「時代的紅利屬於表達者」。

表達當然很重要，但我想提醒你的是，或許你並沒有注意到，我們每天花在溝通上的時間為：傾聽占 46%，表達占 26%，其他時間則是閱讀和書寫。

傾聽的重要性被嚴重低估——如果沒有「良好的傾聽」，就很難有「良好的表達」。

是時候重新看待傾聽了，「當所有人都搶著說話的時候，時代的紅利屬於傾聽者」。

因為，渴望被關注，才是人與人之間溝通的本質。

我有一次跟一個國外的合作方談合作條款。兩人爭了半天，眼看要談崩了，我發覺不太對勁，我好像並沒有真的理解他到底想要什麼。於是我索性閉嘴，靜下來聽他說話。之

後我才意識到，他的確是有道理的，而且比我想得更深入。最後，在他的思考基礎上，我修改了條款。

我跟我的團隊說：「我沒有贏得這次對話。」國外合作方聽到後，回了我一句：「但你贏得了我這個盟友。」

這是我第一次深刻地意識到傾聽的意義：傾聽不會為我們贏得對話，卻會為我們贏得盟友。因為當對方知道，他的需求和感受對我而言是重要的，我們之間真正的溝通才會開始，他才會信任我，和我合作，好的溝通不是「贏得辯論」，而是「贏得合作，成就彼此」。

傾聽是一個典型的合作思維之下的行為習慣。

但我們的生活中到處都是「只表達，不傾聽」，因而丟失合作關係的例子，比如：

管理者批評下屬的時候，他滿腦子想的都是：「怎麼才能讓下屬明確接收到我的意圖，做出業績啊！年輕人真是沒經驗、不可靠啊。」

妻子一聽丈夫在職場中遇到的糟心事，第一個念頭就是：「我怎麼才能讓老公成熟一點？」於是她會忍不住念叨：「你就是太單純，不適合複雜的職場！注意別在職場裡栽跟頭啊！」

媽媽一旦發現孩子不好好做作業，馬上就進入戰備狀態：

「這個孩子從小就沒有自控力，一定得幫他養成習慣啊！」

你發現了嗎？這裡面有兩層訊息。

第一層，「你是錯的」。大腦似乎有一種自動化反應，讓你第一時間就給對方貼上標籤。在這種意識下，我們接下來的對話，都會表達出一種姿態：「你是錯的」。

這會引起對方的防衛、爭辯，這種爭辯不是為了推進事情，而是為了證明對錯。我們仔細觀察就會發現，很多時候我們為了一件事爭吵，吵著吵著，發現已經吵偏了——我們的爭吵純粹是為了證明對方是錯的、自己是對的，我們已不再關注事實本身；有時對方感覺到來自你的蔑視，乾脆就閉嘴了，兩人之間的溝通也就被阻斷了。

第二層，「我是對的」。我們不停地說，有時候是出於好意。當前經濟的發展速度，導致每個人壓力都很大，每天的時間好像都不夠用。我們都太想達成某種結果，或者太想幫對方解決問題了。我們牢牢地盯著自己的目標，急得直跺腳：「對面這個人怎麼就是不聽勸呢！」當我們這麼做的時候，我們也在無意識中表現出了這樣的姿態：「我比你更正確，我知道你應該怎麼辦！」我們不停地給出建議，但對方在這個過程中到底是什麼狀態、他究竟是怎麼想的，我們來不及關心。

這些時刻，反映出的就是典型的非合作思維——把合作當

結果，認為「我只有改變了對方，才能達成合作，得到想要的結果。如果我改變不了他的想法，我們就無法合作」。在非合作思維下，我們把自己與合作方孤立對待，根本顧不上去「看見」對面坐著的這個人，也意識不到我們與對方已經是合作關係——既然是合作關係，為什麼只有我們在著急跳腳呢？

就是這樣微妙的思維差異，造就了完全不同的行為。

「你覺得我說的不對是嗎，那一定是你還沒認清狀況。」於是，我們就要更努力地擺事實、講道理——「我的眼裡只有我的目的和訴求，你如果不跟隨我，那我們就是對立狀態」。我們很容易被卷入一種以自我為中心的輸贏思維——「我要贏得這場對話」。

除非你是超級專家或者權威，否則，在大多數情況下，對於你的同事、朋友和伴侶而言，你的這種行為只會激發他們的防衛姿態。

香奈兒集團前全球 CEO 莫琳‧希凱在她的自傳《深度思考》裡寫過這樣一個故事：她剛上任時，想在公司推出一個領導力計劃，試圖強行推動公司的企業文化變革，於是她舉辦了一場大型的演講，滔滔不絕地向所有員工講述了自己的宏偉計劃。但是她之後意識到，大家只是表面上認同這個計

劃，內心實際是抵抗的。她還發現，在設計會議基調時，她沒有給過團隊成員任何表達的機會，而是聘請顧問設計了方案。後來她在自傳裡寫道：「我的舉動嚴重破壞了整個團隊的氛圍。我站在舞台中央，大談特談如何應付變化莫測的世界，沒有給團隊成員說話的機會。他們越抵觸我，我就表現得越賣力。」

　　之後，她迅速調整了自己的行動方式，跟團隊「一起」打造這個計劃。「想像一下，假設你有一個好主意，但周圍同事並不認同。你可以激烈辯護，但如果你失敗了，那麼你只能揮揮手，放棄合作嗎？不，你可以邀請對方說出他的看法，你們可以探討，看看能否想出更好的主意。雖然你的想法有可能是正確的，但更有效的方式是傾聽並詢問對方的意見。」

　　你看，即使是莫琳這種擁有頂級影響力的女性，也踩過「忽視傾聽」這樣的「坑」。這個例子能讓我們理解為什麼傾聽是溝通中的重要因素。

回顧

1. 當你說了很多，但仍達不到目的時，很有可能不是因為你不會說，而是你不會聽。

2. 一味表達的姿態裡，包含了兩層意識：「你是錯的；我是對的。」這是典型的非合作思維。它認為，只有贏得對話，才能達成合作。它把合作當成了目的，實際上卻割裂了合作。

3. 合作思維是把合作當前提──「我們已經是合作關系，我要知道你是怎麼想的，才能讓合作順利展開」。

第 2 章

合作式傾聽：
時代的紅利屬於傾聽者

高效的傾聽者，

不僅能聽到對方的觀點，

而且會迅速採取行動。

在傾聽背後，

更重要的是傾聽者的心態：

「你很重要，我想知道你是怎麼想的。」

傾聽很重要，但是也不容易做好。在當一名傾聽者這件事上，多數人都高估了自己。

來自評一下，你有沒有這些情況：

- 對方還在說話，你已經開始打腹稿，準備自己的意見了。
- 對方話音還沒落，你就迫不及待地發表自己的觀點了。
- 在多數的談話時間裡，都是你說得多，對方說得少。
- 你說得已經足夠多了，但結果常常不盡如人意。

這些都反映了一種情況：很多時候，人們的傾聽是「偽傾聽」，是為了「說」而「聽」。表面上看，他們的確是在聽，但實際上他們是在想：「什麼時候才能輪到我說？」

這種傾聽給人的感覺並不好。我把這種人形容為機關槍式的傾聽者——他們基本是在「等」著你說完，你一閉嘴，他馬上像機關槍一樣把話「射」過來。這會讓你覺得，「我剛才都白說了，因為你根本不在意，滿腦子就是自己要說什麼」。

這是種什麼感覺呢？「我滿懷期待地向你開放自己，以為你有興趣聽一聽，但你只是裝模作樣地聽了一下，然後就

把焦點轉移到了自己身上。我覺得一下子被你『堵』回來了。」

　　為了避免出現低質量的傾聽，這裡分享給大家兩種方法：比較基礎的「反應式傾聽」和更高階的「行動式傾聽」。

　　我也是在意識到傾聽的重要性後才發現，學會傾聽太難了。很長一段時間裡，我常常說到一半，才忽然反應過來：「怎麼又是我在說！我是什麼時候把話頭給搶過來的！」於是我開始練習「反應式傾聽」。

　　反應式傾聽比較容易上手，它一共有三步：忍、等、問。「忍」發生在對話之前，唯一需要你做的是，擱置自己的興趣。

　　擁有 30 多年心理諮商和家庭治療臨床經驗的心理學教授麥克・尼克斯，在他《好好說話第一步》這本書裡講到，傾聽最關鍵也最困難的因素是，真正的傾聽者需要對說話者本人以及他所說的話感興趣。這就需要我們暫時先擱置自己的興趣。

　　但是，以自我為中心是人的本能，這正是傾聽的難點所在：傾聽是一個對抗本能的過程。所以，傾聽不僅需要你主動有這個意識，還需要你刻意努力，以擱置自己的需求及反應。

　　我常用的方法是：想像在一片漆黑之中，有一束光打在對方頭上。此時，他就是我目光的核心，是我眼前能看到的唯一。這時候，我漸漸會安靜下來，放下自己滿心的念頭，忍住自己想要表達的欲望，讓對方說；而我要做的，就是把注意力放在黑暗中這唯一的光亮上。

　　再進一步，還有一個很重要的原則，叫作「等」。

　　等，一般發生在對話過程中，這時候你和對方已經有一些交流了。每當你想插話、打斷的時候，再等一分鐘，聽對方把話說完。

　　我眼睜睜看過一個就差這麼「一分鐘」的案例。有一次，我和朋友在吃飯，一個男性朋友中途看了下手機，發現有幾條妻子發來的訊息，他就回了一條說：「我在跟幾個朋友吃飯。」對方秒回：「你能不能說一下幾點回來？孩子明天有輪滑比賽，你不知道嗎？你不管這個家了嗎？」

　　但是我們都看到，這個男性朋友本來是在輸入訊息的，他打的字是「我9點前一定回家，孩子明天的參賽裝備我準備好了」。收到妻子的這幾條訊息後，他氣得不行，刪掉了本打算發的這行字，把手機扔到一邊，不再回訊息。

　　結果，他的妻子沒幾分鐘就打來電話，可想而知，兩人大吵一架。他說在他們家，這種情況經常發生。他的妻子會

在第一時間把他解讀為一個「很差勁的人」，完全不給他一點空間。只要有那麼一點空間，他們之間的很多爭吵都不會發生──也許那點空間只要一分鐘。可是，我們著急趕路，總是忘記給最親密的人哪怕一點點耐心。

等一下，你也許會得到驚喜。多等一分鐘，有時候甚至都不需要一分鐘，不同的結果就產生了。

剛開始練習的時候，我們可能會感到不舒服：「怎麼這麼委屈啊，又是忍又是等！」當然，如果你沒什麼訴求，不需要這段關係，你可以打斷溝通、不再傾聽。學會傾聽，不是說要做一個老好人，事事退讓；學會傾聽，是建立在合作的基礎上的，是因為我們想要共同實現一個目標。

我們需要傾聽員工，因為我們在合作運轉一家公司，他們從一線業務現場帶回來的意見很重要。我們需要傾聽孩子，因為我們愛他，在乎他，希望他過得好；更重要的是，孩子本身就是一個獨立的人。我們需要傾聽愛人，因為我們是生活上的合伙人，我們彼此支持；也因為親密關係的質量，直接影響著我們的幸福感。

我們甚至需要傾聽自己，因為只有自己才是自己此生最好的朋友。由此可見，忍住、等對方把話說完的好處顯而易見。

　　我有一個印象很深的故事，每次說到傾聽這個話題時都會分享給對方。

　　在某個活動現場，一位主持人問一個長大想要當飛機駕駛員的小朋友：「如果有一天，你開著飛機飛到太平洋上空，結果所有引擎都熄火了，你會怎麼辦？」小朋友說：「我會先告訴坐在飛機上的人綁好安全帶，然後我掛上降落傘跳出去。」現場的觀眾笑得東倒西歪。有人嘲諷地說：「哎呀，小小年紀這麼有心思啊。」也有人對自己的孩子說：「你看，他這樣做太自私了，我們不能學他。」

　　但主持人繼續注視著孩子，等他說話。小男孩停了停，睜大眼睛說：「我要去拿燃料，再回來救大家！」

　　現場瞬間安靜下來。

　　我們常常以己度人，以為自己什麼都知道。實際上，你停下來，再聽一分鐘，就可能會發現，對方想說的和你剛才想的不一樣。所以，最好的傾聽心態，就是「我知道自己不知道」。

　　當然，還有一種情況，就是你真的知道對方要說什麼——你比對方有經驗，你比對方年齡大，事情發展早就在你的意料之中。但這不意味著，你就不需要傾聽了。

　　因為溝通是雙向的，不是你覺得自己知道就可以結束對

話了，要知道，你對面還坐著你的「合作伙伴」。

曾經有一位高級主管走進我的辦公室，跟我回饋最近進行業務時遇到的問題，她覺得自己的搭檔沒有給予自己應有的支持。

聽完前面幾句，我大概就知道，她想表達的是，她需要授權，需要有管理搭檔的權力，她想要公司調整組織架構。我心裡有點著急，一是我手上有很多事情，這件事我已經和她溝通過一次了，反復溝通太耽誤時間；二是她的搭檔不想被管理，這一點這位高級主管也是知道的，但她仍再次來找我，這讓我心裡有些情緒。但我也知道，如果我處理不好，失去這名同事，對公司也是一個不小的損失。

這時候，我有兩個選擇：

1. 直接告訴她：「我懂你的意思，你覺得是因為自己沒有管理權限，才導致這個結果。但這不一定是真實原因，你要從大局著想。你現在有情緒，等你平復一下我們再談，接著去工作吧！」
2. 等她說完。

我選擇了第二項，讓她充分表達。在接下來的 15 分鐘

裡，那束光一直打在她頭上。我的念頭也隨著她的講述而不斷變化：「哦，她的確是好委屈呀。」「啊，原來她是這樣想的。」「嗯，她也不是不為公司著想。」

慢慢地，她的聲音也沒有剛進來時那麼尖銳、那麼緊張了，說到最後，她的身體忽然放鬆了，靠到椅背上。「你怎麼想呢？」她問我。然後我們又花了一些時間，討論我目前的為難之處。我驚訝地發現，她也開始聽我講話。也許是傾聽給彼此都留出了足夠的空間，雖然我們沒有在當下達成共識，但是兩人都很平靜。後來又經過兩次溝通，事情得到了不錯的解決。讓我意外的是，結果並不是她一開始期待的，但是她欣然地接受了。

如果當時我沒忍住，搶在她開口前把她擋回去了，那麼我就失去了聽到她後面好多想法的機會。現在回想起來，不免覺得萬幸。而且，她若是就這樣離開，對我、對這個公司，都會產生誤會與隔閡。

傾聽的確幫助了我。通過有效傾聽，我們消解了情緒，澄清了彼此的誤解，而且能站在對方的立場上了解對方如何看待和感受同一件事。在這個基礎上，我們才有機會發揮自己的才智，想出更好的解決方案。

這種感覺，你如果親身體會過，就會發現它非常美妙。

它讓我看到了自己的無知，看到了先入為主造成的思維盲區。

全球知名美容美妝品牌的創始人玫琳凱（Mary Kay Ash）曾說：「不論什麼時候，當我遇到一個人，我都會想像對方身上掛著一個隱形的牌子，上面寫著，『讓我覺得我很重要！』」

這就是成熟的合作者的姿態。無論什麼時候，當你遇到一個人──不管他是誰，不管他是否年輕、是否青澀，哪怕看上去沒那麼有道理──你都要試著把那束光打在他頭上。也許，他會給你帶來意外之喜。反應式傾聽的第三步是，問。

溝通是一個互動過程，你來我往才能構成最完美的溝通。「忍」和「等」給了雙方一定的空間，接下來，通過提問，我們可以進一步明確自己是不是真的聽懂了對方的話。這裡給大家介紹兩種提問方式：復述式提問和開放式提問。

在復述式提問中，你可以說出你認為對方要表達的意思，然後讓他確認你說的對不對。

看看以下幾個例子。

你可以說：「所以你是說，這個月用戶的增長速度變慢，是因為產品的改版引發了用戶的排斥。我這麼理解對不對呢？」

而不是說：「不可能是產品改版的問題，我覺得是增長方

式出問題了。」

　　你可以說：「好，我想確定一下自己是否真的了解實情。你經常覺得焦慮和沮喪，是因為公司的任務指標定得太高，你覺得很難完成，對嗎？」

　　而不是說：「你就是太把壓力當回事了，每個人都有任務啊，別那麼敏感。」

　　這些提問的目的，是為了確認你是否準確地理解了對方的意思。它們的結尾是：「對不對？」「對嗎？」「是嗎？」這樣的結尾，會讓對方感覺到被理解，這會加深你們之間的信任，為後面的探討提供更多情感支持。為了更好地傾聽和理解對方，我們還可以使用開放式提問，它的目的是邀請對方說得更多。比如以下這些句式：

　　「關於產品改版給你們銷售部門帶來的影響，你可以再多說一點嗎？」

　　「嗯，你覺得焦慮是因為覺得公司業績指標定得太高，難以達到。還有別的原因嗎？」

　　「我發現我們的合作好像有一些問題，我不知道是哪裡卡住了，你可以說說你遇到了什麼困難嗎？」

開放式提問的關鍵，在於給出一些開放性的問題，引發出對方更多的分享。在這個過程中，你將了解到更多，而對方也會感受到更多關注。當你已經充分理解他時，他自然就會願意打開心扉，傾聽你想說的。

以上這些都是反應式傾聽的方法。但比起方法技巧，更重要的前提是傾聽的態度：「我認為你的話很重要，我很好奇，我想知道你在想什麼。」

如果仔細觀察，你會發現生活裡有一種人，他們把傾聽提到了一個更高的境界，我把它稱為「行動式傾聽」。

行動式傾聽就是，「我不僅聽到了你說的，還會根據你的想法做出行動」。美國政治家希拉蕊·柯林頓就是這樣一個傾聽者。一位名叫格林斯坦的記者，曾經說過他和希拉蕊之間的兩個故事[1]。

第一個故事發生在 1988 年，當時，希拉蕊在阿肯色州工作，她的丈夫比爾·柯林頓還是阿肯色州的州長。格林斯坦想發布一個報告，讓更多的媒體來關注窮人群體。他打了通電話給希拉蕊的助手，講了他的想法。沒想到希拉蕊立刻回電給他，跟他要了一份報告，然後當晚就讀完了，並且打電

---

1 作者注：案例來源 *https://www.vox.com/a/hillary-clinton-interview/the-gap-listener-leadership-quality*。

話問他：「你打算如何發布這份報告？」

格林斯坦說，他想在一個記者會上發布。希拉蕊對他說：「不要這麼做，這樣影響力不夠大。我的丈夫比爾‧柯林頓將在一個重要的會議上講稅務的問題，在他講完之後，他可以把你推薦出來，讓你親自講這份報告。」最後，按照希拉蕊的安排，這份報告果然受到了大眾的廣泛關注。

在這個案例中，希拉蕊給了格林斯坦一個更大的舞台，讓他的報告被更多人聽到。在第二個案例中，希拉蕊的快速反應產生了更大的影響，甚至改變了美國政策的制定。

那時，比爾‧柯林頓已經成為美國總統，他提出了一個法案，旨在幫助窮人照顧家庭，讓他們負擔更小地投入工作。但格林斯坦又做了一份報告，他發現，按照現在的預算去執行，柯林頓將無法完成他的目標。他懷著試一試的心情，把這份報告發給了希拉蕊。他心裡也在打鼓：希拉蕊會在乎這份報告嗎？這份報告在下午 2 點的時候被發送到希拉蕊的郵箱裡，結果在第二天早上 9 點，希拉蕊就把格林斯坦叫到了白宮。最終，柯林頓根據格林斯坦的建議，增加了這項政策的預算。

看到這個案例的時候，我心裡暗自驚嘆，希拉蕊真是一個高效的傾聽者，她不僅能聽到對方的觀點，而且會迅速採

取行動。格林斯坦說他有份報告，希拉蕊當天晚上就讀完了。格林斯坦說他有質疑，她馬上就叫他來面談。可以看出，格林斯坦深受觸動，後來他把這兩個故事反復拿來講。拋開希拉蕊的地位不說，單就這種即刻付諸行動的回饋，已經足以讓人產生強烈的被重視感。

在我們的職場生活中，這也是值得借鑒的一種互動方式。

有一次，我們公司舉辦了一場新員工轉正答辯[2]，答辯現場有一個問題是：「如果要你對公司提一個建議，你會提什麼？」

有位新員工認真地想了一會兒，告訴我們：「我的建議是給設計部門的。有時，業務人員提出一個設計需求，有的設計師會問『你們有參考圖嗎？』但一個好的設計師會主動給業務人員提方案，他會認為自己可以在專業上更進一步。」

我記下了這個建議，答辯結束後回饋給了設計部，之後設計部給出了解釋和進一步的想法。緊接著我做了一件事：把跟設計部的溝通內容整理後又回饋給提建議的同事。

這件事對我來說，才算是真正的「傾聽完成」。

有朋友問我，一定要這麼麻煩嗎？每件事都這麼照顧到別人，不嫌累嗎？

---

2 編按：新鮮人或工讀生從試用期轉為正職員工的面試程序。

對我來說，我不會在每件事上都有這麼長的傾聽路徑，這不現實，除非我們已經是合作關係。同事、朋友、家人——我們以不同的形式產生了聯結，所以我們需要更好的互動。

而且，我並沒有以「照顧別人」為目的，我只是想弄明白對方真正的意圖和感受。更重要的是，我也希望自己被別人這樣對待——希望我對面的那個人不會輕易地反駁我、質疑我，把我放到敵對的位置上，希望他總是以合作思維開始我們的溝通，認識到擺在我們面前的這個問題以及我們目前的麻煩，是需要我們共同解決的。

我希望在我對面的那個人說出的每句話都能被聽到，並且有回應，所以我會這樣對待別人。

一直以來，我們都更容易把傾聽和女性特質聯系起來，而且我們並不是以一種積極的眼光在看待它。

在無數影視劇裡，20 世紀 60 年代的美國，做打字員、接線員工作的幾乎都是女性，而做管理工作的幾乎都是男性。我們似乎都認同這種角色分配：讓男性衝在前面說，女性在後面聽。

我們習慣認為，會說的人才擁有影響力，比如那些在台上演講的政客，還有在舞台上「金光閃閃」的脫口秀主持

人。和說相比，聽似乎更次要，也更容易。我們認為，一個人只有不知道該說什麼、不知道怎麼說的時候才會去聽。聽，不是一種主動的選擇，而是一種被迫的、退而求其次的選擇。

　　但在這一章裡，這個觀念被顛覆了。我們論證了傾聽的確會給人帶來意想不到的影響力。

　　隨著時代的多元化，女性的很多特質被重新認識，我們不用變成誰，我們只需充分利用我們本來的特質——比如擅長傾聽——就能發揮屬於我們自己的影響力。

回顧

在非合作思維中，我們更關注自己要說什麼，以證明自己是對的，對方是錯的。但是在合作思維中，對方要說的話，將成為我們合作中很關鍵的部分。這樣轉念一想，你就會認真地傾聽對方想說什麼，從而達成合作。

對此，我提出了兩種傾聽方式：反應式傾聽和行動式傾聽。

在反應式傾聽中有三步：忍，等，問。

在技巧背後，更重要的是傾聽者的心態：「你很重要，我想知道你怎麼想的。」

當我們把這種真誠的態度做到極致，就會進入行動式傾聽的階段。這時，我既能聽到你，將會對我認同的部分採取行動。這種行為本身就傳遞出對他人的尊重，能夠建立起良好的互動關係。

第 3 章

共情能力：
最高級也是最基礎的人際能力

先處理情緒，再處理事情。

有了共情能力，

你就能在最短的時間裡與他人建立信任，

發揮自己的影響力。

「**共**情」這個詞大家都不陌生，這幾年甚至可以說它是各種溝通課程裡的核心詞了。我們誇一個人會說「她好通情達理哦」；養育孩子，也提倡共情式溝通；商業領域更不用說了，處處提醒我們要站在用戶的立場，共情用戶。可見，共情作為一種特質，已滲透在人際交往的各個領域。

共情能力也是我認為最符合影響力特質的能力，因為影響力是「用別人樂於接受的方式改變他人認知和行為」的一種能力，而共情無疑是最貼近「讓別人樂於接受」的能力——你得先理解別人，才有讓別人樂於接受的可能。

關於共情，我有一個關於英國女王伊麗莎白二世的故事[3]。

2014 年，諾特醫生剛從敘利亞戰爭中回來，受到英國女王伊麗莎白二世的接見。被女王親自接見，對大多數人來說都是一件榮耀的事情，但問題是，諾特醫生不是普通人，他是一名 PTSD 患者。PTSD 即「創傷後壓力症候群」的英文縮寫，指當一個人由於應對重大壓力，比如經歷了死亡威脅，或者目睹他人死亡、威脅和傷害所導致的延遲出現和持續存在的精神障礙，其症狀是注意力不集中、情緒暴躁、易怒，有時甚至無法開口說話等。

---

3 案例來源：*https: people.com /royals /queen-elizabeth-and-her-corgis-helped-a-war-surgeon-with-ptsd /*

在白金漢宮，諾特醫生的這些症狀忽然集中爆發。他坐在女王對面，無法集中注意力，說不出話來。

諾特後來回憶說：「我並不是不想和她說話，我只是不能。」女王發現了諾特的異樣，她問他：「有什麼我能幫你的嗎？」

諾特醫生一邊忍受著病症的煎熬，一邊想：「你能幫我什麼？誰也幫不了我！」

如果是你，你會如何應對這種情況？緊急叫醫生？若醫生趕來，就會帶走諾特，一場無限期待的會面就這樣被打斷了。可想而知，諾特日後回想起來，該多麼沮喪。

或是不斷詢問諾特：「你怎麼了？」雖然女王的出發點是關心，但在那個時候，無疑會引起諾特更大的焦躁和不安：「這可是女王啊，天哪，我怎麼能在這個時候發病呢！」

事實上，女王做了什麼呢？她遞給諾特一塊餅乾，說：「我們為什麼不餵一下狗呢？」他們沒有再繼續坐著交談，而是花了 20 分鐘時間餵狗。沒有人說話，兩個人只是靜靜地看著狗吃餅乾。20 分鐘後，諾特感覺好一些了。

這 20 分鐘，諾特醫生幾乎記了一輩子。直到十幾年後的今天，他還是不斷通過書信和口頭語言的方式，一遍遍回憶那個場景，足以見得這件事對他的影響有多大。

也許是因為他面對的是英國女王，所以這段經歷讓他無限珍惜。但我看到的是，女王深深打動了諾特的心——「我給你的，恰好是你想要的」。

這真的是一種超高級別的共情能力。

但在我們的生活中，大多數時候並不是這樣的，反而是「我給你的，恰好是你不想要的」。

《非暴力溝通》（*Nonviolent Communicatio*）的作者馬歇爾·盧森堡（Marshall Rosenberg）在書中分享過他和女兒的一件小事，從另一個側面反映出我們日常中以為的共情是什麼樣的。

有一次，馬歇爾的女兒照鏡子時突然憤怒地說自己醜得跟豬一樣。很明顯，女兒對自己的外形不滿意，也有可能是之前受到了同學的嘲笑。孩子處於青春期時，總會有這麼一個對外表過分敏感的階段。

這個時候，馬歇爾馬上想到要回應並且鼓勵女兒，於是他對女兒說：「你是全世界最漂亮的女孩。」

聽上去這像是一個好爸爸式的共情反應，但是，你猜他的女兒作何反應？她憤怒地摔門而去。

再回到我們自己的生活中。

馬路上，有個小朋友跑著跑著摔倒了，他的媽媽見狀，

第一句話是：「都跟你說了，不要亂跑，你看看！」

打預防針前，小朋友怕得不行，哭得撕心裂肺，他的身邊圍著的一圈大人，從護士到爺爺奶奶都在安慰他：「打針不疼啊，你看別的孩子都不哭。真的一點都不疼！」

我小時候聽到這些話時，總是覺得很憤怒，但是那時候我太小了，根本不明白自己為什麼憤怒。

後來我做了媽媽，帶兒子第一次去診所看病，當他哭得一頭汗時，周圍又響起了同樣的聲音：「打針一點兒也不疼，寶寶別怕，都還沒開始打針呢，有什麼好哭的！」那個瞬間，我好像一下子回到了小時候。

所有人都跟我說沒什麼好怕的，問題是，我真的很怕針頭扎進來的瞬間，而且很怕的感覺並不會隨著這些「安慰」的聲音消失。

於是，我拉著兒子的手對他說：「寶寶，你是不是很害怕？打針一定很疼吧？媽媽也有點緊張。」我兒子那個時候很小，但是他聽到這句話時，一下子撲到我懷裡。我在那個時刻忽然理解了，原來小時候的我想聽到的，就是有人站在我身邊跟我說：「孩子，你很害怕吧？」

每個人都渴望被共情，人和人之間的關係只有在共情的基礎上才能建立良性循環。已經有無數研究表明，如果你跟

對方的互動和回饋是有愛的、有同理心的，那麼他們就會感到持久的愉悅，同時會以更加開放和真誠的態度對待你和你們的關係。

問題是，為什麼在某些人身上，共情好像很容易，可以隨時像水一般流淌出來，但是在另外一些人身上，哪怕他們很努力地「關心」別人，卻總也給不了對方想要的？

讓我們先來了解一下什麼是共情，只有懂得了共情的本質，才有可能做到「真正的」共情。

「共情」現在幾乎隨處可見，是比較時髦的一個詞。荷蘭心理學家法蘭斯・德瓦爾（Franciscus de Waal）在其著作《共情時代》（*The Age of Empathy*）中寫道，最早提出「共情」這個概念的是德國心理學家西奧多・李普斯（Theodor Lipps），他在看特技表演時受到了啟發。我們看走鋼絲表演時也有類似的體會，明明是那個特技演員在鋼絲上走，可是當他做著高難度動作，看起來命懸一線，似乎馬上就要從鋼絲上掉下來的那一瞬間，我們的心也提到了嗓子眼，那一刻就好像是自己在鋼絲上左右搖晃，我們體會到了那個演員的緊張和壓力。李普斯一開始用一個德語詞來形容這種情感相通的現象，這個德語詞按字面翻譯是「感覺進去」，後來改為「empathy」這個詞，即「共情」。

　　「感覺進去」這四個字簡直太生動了。我們仿佛進入了對方身體，和他的感覺連為一體。仔細想想，如果人類不具備這種「感覺進去」的能力，只能從理性上認識對方的喜怒哀樂，那又會怎樣呢？面對別人的情緒感受，我只能在「外圍」打轉，感覺自己「無法進去」。有了共情，我才能「感覺進去」，讓對方的喜怒哀樂實實在在發生在我身上。平克弗洛伊德（Pink Floyd）的一句歌詞放在這裡最恰當不過了：「我就是你，我眼睛看到的就是我。」（I am you and what I see is me.）你的情緒就是我的情緒，這樣我們才能在情感深處真正連通，人和人之間才不會互為孤島。

　　這樣看來，認為共情這種能力「神奇而偉大」也毫不為過。而且，這種神奇而偉大的能力其實在我們祖先身上就有了，在動物身上也有。

　　心理學家在對老鼠和猴子的實驗中都發現了共情能力。20 世紀 60 年代，美國心理學家進行了一項研究，發現如果恆河猴察覺到自己拉一下鏈子就能得到食物，但是這種得到方式會以同伴遭電擊作為代價，它們就會不再拉鏈子。

　　1992 年，意大利帕爾馬大學的一個研究小組發現了這種情況背後的原因：當一只猴子看到其他同伴遭到電擊時，它的神經元也會釋放出痛苦的信號，讓它感覺自己也遭到了電

擊。別的猴子的痛苦成了這隻猴子自己的痛苦，這就是動物身上的「感覺進去」，可見動物也有共情能力。

一些生物學家和心理學家認為，共情能力讓高等動物能夠更好地了解和應對自己後代的情緒，有利於後代的存活；共情能力也能讓一群動物中的個體更好地互相理解和協作，有利於群體的生存。

很多共情實驗已經證明，即便是 1 歲的小孩也會對周圍人傷心、難過的情緒做出反應，可見我們天生就具有共情能力。但是我們仍然會問，既然共情能力是人類祖先在進化過程中就擁有的能力，為什麼有的人很會共情，有的人就做不好呢？

心理學家做了另一項實驗。為了方便表達，我們假設驗中的一個對象叫作湯姆。心理學家先讓湯姆和馬克合作，然後讓湯姆看到馬克受苦，比如馬克的手指被門用力夾了一下。湯姆看到這個場景的同時會被安排做腦部掃描。結果，研究人員發現湯姆大腦中與疼痛相關的區域被激活了。這說明湯姆對馬克共情了。之後，心理學家又請出了另一個陌生人——杰瑞，讓杰瑞欺騙湯姆，再讓湯姆看到杰瑞的手指被門用力夾了一下，同時對湯姆進行腦部掃描。有趣的是，這個時候湯姆大腦的疼痛區域沒有被激發，激發的是快感中

樞。這就是幸災樂禍啊！

我意識到，人們對合作對象更容易共情，而對於潛在的敵人幾乎無法動用共情能力。

有些人很會共情，有些人做不到共情，答案就在這裡——合作思維。

看起來，最終起作用的還是合作思維。當你把對方當成敵人，心裡抗拒他、排斥他，你就做不到共情對方的痛苦，因為大腦的疼痛區域無法被激發，這是受生理條件影響的，根本不受你自己的控制。

當你沒有合作的意識時，你的腦子裡只有自己的目標，那麼對方的情緒就會成為你達成目標的負擔和障礙。

就像媽媽帶孩子去打疫苗。媽媽的狀態是：「我工作很忙很累，公司還有一個必須要參加的會議等著我，遲到了一定會被老闆罵……」看到醫院黑鴉鴉一片人，媽媽此時腦子裡只有一個目標：趕緊打完疫苗，閃人。這個時候，一切阻擋這個目標的事情和人，都會不自覺地被媽媽列到「敵軍戰隊」。孩子不聽話、哭，背後的情緒都變成了「打疫苗過程中的麻煩」。一旦把情緒當成麻煩，那後面的動作就很好理解了——媽媽會下意識地通過否認孩子的感受來盡快解決這個麻煩，而不是去共情孩子。

　　只有媽媽把合作當前提，把孩子當成合作對象時，她的目光才能從打疫苗這個目標，轉移到孩子身上——「我要跟孩子一起完成現在這個任務，他是我的隊友」。這樣，她就能暫時把自己的需求和目標放在一邊，她本來就有的共情能力會被激發出來。這個時候，媽媽才能真正看到孩子的恐懼，並給他積極回應——而這時，她反而更能得到孩子的配合。

　　「對方的情緒是我的負擔」這個想法在工作中特別多。有時我會聽到這樣的說法：「我們在工作，不要談情緒，只談事情。」有一些人認為共情是很低效的事情，但事實恰恰相反，共情不是只談情緒，共情是先處理情緒，再處理事情。如果你有共情能力，能夠深入別人的主觀世界，了解別人的感受，你就能在最短時間跟別人拉近距離，消除一些不必要的誤解，建立信任。

　　不管是在工作中還是在生活中，共情都是幫助你發揮影響力最重要的一步！

回顧

共情是一種「感覺進去」的能力，它是我們與生俱來的能力。

有時，共情能力會被你的非合作思維所阻擋。只要你啟動合作的思維，將對面的那個人真正引起你的合作夥伴，你的共情能力就會被激發。

第4章

運用共情式溝通：
從對立到站在一起，
從僵局到合作

不把自己的需求當成唯一，

這樣才能看到別人的需求。

如果眼裡只有自己的目標，

你就會把對方的情緒和需求當作實現自己目標的絆腳石，

從而無法進入對方的感覺去共情。

我們知道了共情是人們與生俱來的能力，很多時候我們之所以無法共情，是因為被非合作思維阻擋了。這時，我們就需要啟動合作思維。

怎麼做呢？

最好的方法是把抽象的思維落實到更具體的動作上：第一步叫作「停一停，放一放」。

任何時候，當你需要共情卻感覺不到共情時，請按下心裡的「暫停鍵」。

比如，在商場裡，你不想給孩子買玩具，孩子大哭大鬧，這時真的太難共情了。「我的臉都被丟光了！這孩子太沒教養了，都怪奶奶平時太慣他，也怪我自己總是忙著工作⋯⋯現在可好，你看這個屁孩！」當這一堆念頭湧現出來的時候，你的目標有且只有一個：壓制孩子哭鬧的情緒，趕緊拉他回家。

比如，在職場上，你的合作伙伴三番兩次給你的方案提意見，眼看著時間緊、任務重，你心裡的焦慮已經快爆棚了，這時候談共情？根本不可能！

實際上，這恰恰是發揮共情最好的時候。雲淡風輕時的共情，是錦上添花；危急時刻下的共情，才是雪中送炭。

這個時候，你更需要在心裡按下「暫停鍵」，停一停，把

這些習慣性冒出來的念頭放一放，把自己的目標放一放。只有這樣，你才能在心裡和腦袋裡空出一些空間，才有可能把目光轉向對方。

停一停，把自己的需求放一放，不要把自己的需要看成唯一的中心，這樣你才能看到別人的需要。這是共情的開始。

之後，我們進入第二個動作，叫作「拿起來」。這個動作也很重要──你拿起的是對方的需求：

「孩子在想什麼？他這樣難過，哭得一身是汗！哎，他真的好難過！」

「我的合作伙伴，他提意見的語調都變了，他對產品質量的要求遠超過任何其他人。你看他，急得語無倫次，原來他是想把這個方案做到完美啊！」

產生這些想法的時候，表明你已經開始「進入」對方的感受了。

「拿起來」的另外一個表現是，你可以把它「說出來」。別小看「說出來」這簡單的三個字，它背後有一個專業的術語，叫作「言語化」，意思是所有的感受一開始都只是一個人身體主觀的體驗，是無法直接用理性、用大腦皮層加工的，

也無法被表現出來——直到你為它賦予語言上的符號，可以直接說出「我的感覺是什麼」，這時你才可以思考、討論、交流。這是一種具有高度適應性的情感加工機制，是一種處理感受的方式。

當共情發生時，當你進入對方的感受時，你可以幫對方說出他的感受。

「買不到玩具，你好難過是不是？」

「方案總是不能讓你滿意，你也很著急，壓力很大吧？」

這一刻，是人和人之間開始產生聯結的時刻。你一定經歷過這種時刻。

我參加過一場婚禮，新娘說，之前她和新郎一直異地戀，有一次她因為男友不接電話這種很小的事情大發脾氣，事後又有點後悔，於是問對方：「我是不是太任性了？」男友回她：「你不是任性，你只是因為太想我，又見不到我才生氣的。」新娘說，就是那個瞬間，她想跟這個人攜手一生。

這種瞬間太美妙了，新娘告訴現場的朋友們：「他說出了我的感受，我相信他懂我，我願意向他敞開心扉，進行更坦誠的溝通。」

　　你發現了嗎？這是一個完美的合作過程，合作思維幫助我們啟動了共情，共情幫助我們從敵對雙方站到了一起，而站到一起又更好地激發了我們的共情。

　　當你經過反復練習，把這一系列思維模式固化成自己的習慣時，不知不覺中，你為人處世的方式也會改變，因為能共情到對方，你就更能得到對方的依賴和信任，更能產生有意義的交流。這個過程，是影響力發揮的過程。

　　這裡有兩個注意事項：第一，有時你可能確實不知道對方的情緒。不要緊，只要你有合作思維，只要你想要進入對方的感受，你就會獲得勇氣和動力。你可以大膽地承認自己不知道對方的情緒，並且主動詢問對方是否可以說出他的困擾。比如，可以用這樣的句式：「我不知道你怎麼了，但是我很關心你，你可以說說嗎？」

　　第二個要注意的是，在言語化的過程中，你有時候會有一些錯誤操作，比如：

　　對那個想要玩具的孩子，你也許會說：「你一定很難過吧，但你這樣在公共場合大哭大鬧是不對的！」

　　對著急的合作伙伴，你也許會說：「你真的很著急呢！但你不能一直催我啊，你催我，我就更改不好了！」

　　有些話聽上去是在共情，但我們常常一不小心就帶出自

己的建議和目的，尤其是對待孩子，我們常常認為孩子是沒有辦法解決問題的。

更好的共情方法是等對方發出邀請後，再給出你的建議，你也可以通過詢問對方「你準備怎麼辦」來確定自己的建議是否合適。

在這裡，我想分享一個自己常用的共情式表達方式：「描述對方的問題＋承認對方的感受＋詢問對方準備怎麼辦」。

拿我兒子打針的事情舉例，我會說：

「要打針了，你是不是覺得很害怕？那你是想現在趕緊打完，我們買個棒棒糖吃，還是等一會再打針？」

因為孩子還小，我沒辦法直接問他「你想怎麼辦」，所以我一般會給他兩種選擇。

同理，對待有完美主義傾向的合作方，你可以這樣說：

「這個方案已經修改了五次，後天就要定稿了，你肯定也急壞了吧？我知道你對質量要求很高，但現在時間這麼緊，我們有什麼更好的方案嗎？」

更完美方案的討論和創意，可以從這一刻開始了。

除了上面提到的相對理性的方法，我還想跟你分享一個更加快速有效的方法：擁抱。

這不是開玩笑。如果你想共情的那個人是你的愛人、你重要的戰友、你在乎的其他任何人，那麼你無需複雜的方法，去擁抱他就好了。

為什麼擁抱有這麼大的魔力？在心理學中有一種「身體優先理論」，即人們都是先做出動作，之後情緒才跟上，簡言之，動作引導情緒。當你和對方擁抱時，你會在情感上更加認同他，也更容易觸發對他的共情，而對方也會在身體接觸中感受到彼此情緒的流動。磁共振的掃描結果顯示，身體接觸會刺激我們的大腦皮層；還有一些研究表明，身體接觸還會降低我們的心率、血壓以及和壓力相關的皮質醇水平。這些生理層面的反應會讓你和對方的大腦在情緒上被調節得更接近同頻。

在《鍋蓋頭》（*Jarhead*）這本書中，美國海軍陸戰隊成員安東尼‧史沃福（Anthony Swofford）講述了他在波灣戰爭中的經歷。有一天，他的部隊即將出征據說擁有化學武器的敵人，他的戰友韋爾第為他們舉行了一場擁抱聚會。「我們已經做好了赴死的準備，就讓我們最後擁抱一下，享受最後一次

身體接觸吧。多虧了韋爾第，我們互相擁抱，讓我覺得自己又像個人了。韋爾第對我們敞開胸懷，讓我們感受他的需要，我們也將自己的心敞開，這樣，我們就不再是從前那幫粗魯野蠻，只會在沙漠裡待命、跨越戰壕、凶殘殺戮的傻大兵了。」

你看，這就是擁抱的力量——最近距離、最大限度的共情。

回顧

共情是一種很重要的能力。研究發現，共情是一種腦神經機制，每個人都擁有共情的能力。我們之所以有時無法發揮共情能力，是因為我們被非合作思維遮蔽了，我們眼裡只有自己的目標，我們把對方的情緒和需求視為阻礙自己實現目標的「絆腳石」，所以無法進入對方的感覺。

怎樣才能實現真正的共情？請記住兩個具體的步驟：「停一停，放一放」和「拿起來」。

第 5 章

向上影響：
跳出慣有的「考試思維」，
實現自己的影響力

面對權威，

我們常常感到自己是被動的、無力的，

好像自己只是一個執行命令的機器。

事實上，

你可以通過練習獲得向上影響的能力，

進而管理權威、影響權威，

讓他們為你想做的事提供資源。

在生活中，我們總是免不了和比我們權力更大、地位更高的人打交道。職場中，最常見的權威之一是老闆。和老闆的相處，已成為職場人士的一大難題。

有數據統計，有 88% 的人離職的原因是跟老闆或直屬上司不合。「因公司而來，因直屬主管而走」的大有人在。

知名領導力教練馬歇爾‧戈德史密斯引用過這樣一則統計數據：在美國，上班族平均每月會花 15 小時抱怨老闆。以一個月 30 天來算，上班族每天要花 30 分鐘來罵老闆。你仔細想想，上一次抱怨老闆是什麼時候？是不是就在今天？

我有一個資深的 HR（人力資源）朋友，她在一線網路公司和投資公司都工作過，她們公司定期有「HR 聚會」，主題就是吐槽老闆。我也問過一些對老闆不滿的朋友：「你的這些想法老闆知道嗎？」他們普遍的反應是：「沒什麼可說的，老闆的決策只要聽著就好。實在堅持不下去，再考慮換工作吧。」

換份工作，換個老闆，情況就會改善嗎？

十幾年前，我工作的第一年，老闆對我說：「你要記住，天下老闆一般黑。」當時我特別不理解，後來經歷的多了，每當心生怨念的時候都會想起他這句話，讓人哭笑不得——這位老闆也太精明了吧，提前給我打了「預防針」。

因為工作關係我走訪了很多企業，採訪了一些企業家和高級主管，結果發現每一家公司都會有雇主和雇員之間的矛盾，員工對老闆敢怒不敢言，只是一味悶頭執行。出了問題，他們比誰都委屈：「我能怎麼辦呢，都是老闆的決策啊！」

不管是大公司還是小團隊，員工和老闆之間的關係都是不能忽視的問題。

大多數時候，我們對待工作中的權威都很被動。不只是對待老闆，對待工作中的重要客戶也是如此。我們公司以前有個同事對重要通路窗口的態度就很能說明這個問題。她說：「這個通路實在太重要了，他願意和我們合作，就已經是巨大的恩賜了。他提的要求我們好像只有點頭答應的份，哪裡還有勇氣去談條件呢？」

這是大多數人面對權威的典型態度。

不論面對的權威是老闆還是客戶，我們常常會有一種共同的感受：

「我是被動的、無力的，我只是一個執行命令的機器人。」

但我也的確見過一些人，他們跟權威的互動關係不是機械式的，不是「滿足你就不能滿足我」，相反，他們之間的關係非常靈活。

有「華人卡內基之父」稱號的黑幼龍先生是我非常敬佩

的一位前輩，他憑一己之力，把卡內基培訓在華人地區推廣得風生水起，一度做到全球最佳業績。他年近 80 多歲，待人接物仍然溫和堅定，他在無形中教會了我很多職場之道。讓我同樣佩服的，還有他的副總裁黃德芳女士，她跟隨黑幼龍先生 20 餘年，奮力拚業績，到處去講課。最關鍵的是，她把這個對事嚴謹的老闆管理得「服服貼貼」。我們跟黑幼龍先生的很多次合作都是由黃德芳女士促成的。

我創立的 Momself 公司跟黑先生的最近一次合作是共同策劃一個親子養育的課程。我們見面時才得知，黑先生最開始拒絕了合作邀約，畢竟他年事已高，要定期從台灣到大陸來錄製課程，是件很疲累的事情。但是黃德芳女士卻在談笑風生之間就把我們的見面給安排了。我仔細觀察他們的互動過程，發現黃德芳女士真是一個管理老闆的高手，高大健壯的黑先生坐在瘦小的黃德芳女士身邊，卻完全被她帶著節奏走，最後幾乎是愉快地接受了安排。

有一個細節是，黑先生說自己沒時間來大陸拍攝，黃德芳女士想了想，開口說：「嗯，我們也不一定拍攝影片，可以錄音的，這樣就不用來回跑。黑先生，您覺得呢？但是您最有影響力的時刻，就是當面跟大家交流的時候，這樣效果好，而且能滿足你最開始的心願——讓更多的家長受益。對

了，我們還可以請崔璀入鏡，跟你一起對談。」

黑先生猶豫了一下，說：「今年 7 月我要到大陸出差，可以一併安排拍攝。」

我在一旁聽著，忍不住笑起來，簡單的幾句話，黃德芳女士並沒有卯足了勁要說服黑先生，她輕描淡寫，但是句句都在點子上。她說黑先生很有影響力，其實她舉手投足間也有種無形的影響力。

很多人覺得這是性格的原因，內向木訥的人只有羨慕的份。但事實上，這種向上影響的能力是可以通過後天練習培養出來的。

在這一章，我們來看看怎樣才能跳出慣有的被動局面，管理權威，進而影響權威，讓他們為你想做的事情提供資源。

先來講個故事，主角也是一位有影響力的女性——光明乳業集團前董事長王佳芬。

「光明乳業」在今天仍是中國奶製品行業中被人津津樂道的品牌，但是 20 世紀 90 年代初，它還是上海的一個小農場。王佳芬用了 10 年時間將其發展成一家上市企業。10 年時間說長不長，說短不短，但對企業來說，如果其中任何一步棋走錯，都會有致命的影響。同樣，若是錯過任何一個關鍵機會，也會損失很多的時間。

這 10 年對光明來說，最關鍵的機會出現在 1994 年。王佳芬在其著作《新鮮：我和光明 15 年》中記述，當時美國惠氏公司想和光明合作，生產即溶奶粉。要知道，惠氏公司在當時占有全世界 17% 的嬰兒奶粉市場，如果不抓住這樣的機會，光明就會在發展上落後競爭對手一步。當時正是萬馬奔騰的改革開放初期，一步之差可能就是生死之別。就在這個關鍵時刻，王佳芬卻面臨向上影響的重大課題：這個合作機會在「上頭」被卡住了。

因為同一時間，上海另一家乳品公司已經和丹麥投資方合資開設了一家嬰兒奶粉公司，丹麥方面要保護既得利益，於是提出了排他性要求：上海不能再建嬰兒奶粉企業。這個要求已經得到了上海農場管理局羅局長的首肯。農場管理局是光明乳業的主管部門，而羅局長對王佳芬有知遇之恩——當年正是他促成了王佳芬入主光明乳業。

你看，王佳芬陷入的正是典型的向上管理困局：如果只聽上司的，一味執行命令，自己就會很委屈，關鍵是光明公司也會錯過一個生死攸關的巨大機遇。可是，若去爭取，她又怕失去上司的信賴，直接被否決。作為董事長，王佳芬面臨的壓力事關企業的進一步發展，所有重擔都壓在她身上，除了她，這件事沒有第二個人可以解決。結果，她說服了羅

局長，促成了光明和惠氏的合作。之後，光明集團不但走出了困局，而且把光明乳業推上了一個新的高度。

王佳芬是怎麼辦到的呢？

她做了一件看似非常簡單卻又極其關鍵的事：她問了羅局長一個「為什麼」——為什麼要引進丹麥資金，建立嬰兒乳品合資公司？他做這件事情最迫切的目的是什麼？

破局點就在這裡。

不要小看這個「為什麼」，這背後就是合作思維和非合作思維的分水嶺。

我們在接到上司的任務時，一般會有以下幾種反應：

1. 懷疑：「你這個想法不行吧？」擺一堆事實證明不行。

2. 反對：「啊，這不太可能啊，沒人沒錢，這太難了，我肯定做不了啊！」有人是直接說出來；有人是心裡懷疑，但是嘴上不說，先去做。基本上遇到這種情況，最終都幹不好，因為你在用行為去證明這事幹不成，行為是被思維所影響的。

3. 提問：有過一定職場訓練的人會弄清楚自己的角色——「我要幹什麼？我該怎麼做？什麼時候完成？」能做到提問已經算是有一定思路的職場人了，一些比較簡單的工作，在這三個問題下也差不多能夠完成。

但問題是，我們有時會面對任務繁重、時間緊迫，甚至看起來不可能完成的複雜任務。如果面對這樣的目標，我們只在這三個疑問詞中轉圈圈，又會發生什麼情況呢？我們會一會糾結於「我到底怎樣才能完成」（這是 how）；一會又抱怨老闆「給我的這是什麼任務」（這是 what）；一會又去抗爭交付任務的「截止期限」（這是 when）。可是你發現了嗎？兜來轉去，我們好像總也破不了局。

原因很簡單，就是我們沒有去問那個「為什麼」──為什麼會有這個任務？這個任務的相關合作方有什麼訴求？

你也許會說：「為什麼要知道這麼多？老闆的公司、上司的決定，我聽著就行了。」

我們先來思考一個問題：「為什麼我不問為什麼？」

如果你仔細回想，就會發覺自己是如何形成這種「不問為什麼」的思維習慣的。

從小到大，我們當學生去考試時，很少有問「為什麼」的機會，我們只需考慮：做什麼題，怎麼做題，什麼時候交卷。至於為什麼要做這個卷子，題為什麼這麼出，是否可以換個題目，這些選項對我們是不開放的。評價一個學生是否優秀的標準通常是他能否出色地解出卷子上的考題，而非他能否去思考為什麼要做這樣的題目。這種考試思維根深蒂固

地塑造了我們的思維模式和行為模式，以至於進入職場之後，我們也不假思索地把工作當成考試，把任務當成題目，上司出什麼題我就解什麼題，解得出我就能繼續，解不出我就被踢出局了。

　　注意最後這句話，它很重要。「解不出題我就被踢出局了」，乍一聽似乎一點問題也沒有，職場人不就是勢必完成目標嗎？但這裡有一個很容易被忽視的問題，那就是：「你所謂的這道題，真的就是你理解的那道題嗎？」

　　如果我們用的是考試思維，想的只是：「What？When？How？」那麼這道題就變成了：「按照規定，我無法和外資合作，所以我只有在不和外資合作的前提下盡快發展光明乳業？可怎麼做得到呢？人家外資已經和競爭對手合作了呀？這道題根本無解嘛。」而且，考試思維在這裡最荒謬的是，羅局長根本不是在給王佳芬出一道題，他壓根就沒出題。這個時候王佳芬若是還沉浸在考試思維當中，努力地「解題」，她還有可能扭轉局面嗎？

　　這也說明，考試思維本質上是非合作思維──非合作思維就是把合作看成結果，「我只有解開了題，才能合作」。仔細揣測下這個邏輯關係，「我只有，才能……」：一方出題，一方解題；一方主動出招，一方被動拆招。這不是什麼合作，

看上去倒更像比武。最要命的是，如果你用考試思維來應對工作，你遲早會考砸的。為什麼？因為對於真正的考試出題來說，「What？ How？ When？」確實很重要，出題者確認考生只要使用正確的方法，就能夠在規定的時間內做出這道題。換句話說，這個過程是被設定好的，出題的組委會有一個任務就是控制難度。而職場中，上司做不到。商業社會的廝殺很慘烈，產品賣不出去就是賣不出去，業績完不成就有可能破產，這個題的難度很有可能是超出預期的。所以，對上司來說，他要的是結果，他不會像出高考題那樣，反復驗證難度系數來考察你的能力——因為很多時候，題目難度也超出了他的能力範圍，他自己也在解題呢，他也不知道正確答案。

所以這個時候，客觀考察你的能力根本不是目的，結果才是目的；和權威一起達成目標，才是目的。

到這裡，我們的思維已經開始轉變了，你可以將轉變後的思維代入正在面對的任務中，感受一下。

真正擁有合作思維的人根本不會去解這道無解之題，而是會把注意力放在「為什麼」上面。因為合作思維下，沒有解題壓力；擁有合作思維的人會把合作看成前提，他不會去想題解不出，他就被踢出局了。而且，合作思維關注的是

人，而不是題，它的視角不是「你出一道題，我解一道題」，而是我們需要一起來看看要達成什麼目標，然後看看我們如何才能達成這個目標。只要能達成目標，所有的過程都有靈活變動的空間，絕非考卷上死板的題目。

再來看一個更貼近我們生活的例子：

木木是某經貿公司的經理，她所在的公司最近要供貨給一個大型工廠。這是一個大客戶，這筆生意也是她和這家客戶之間的第一筆生意。這批貨按照海運的時間，最快要下周一才能到。但是，她突然收到工廠的電話，要求這周必須把貨物寄到工廠，否則客戶就要去找別家要貨了。

木木該怎麼辦呢？若按照原定計劃繼續走海運，貨物便無法如期交付客戶，她就會失去一個重要的生意伙伴；但如果改成空運，過高的運費是她無法承擔的，這筆生意必然虧本。

如果這時候木木運用的是考試思維，硬要把這道題解出來，她就是想破腦袋也沒有用，因為沒有出題人在背後給她控制這道題的難度，保證這道題是有解的。木木沒有那麼做，而是運用合作思維，問了對方一個關鍵問題：「你們為什麼這麼急要貨呢？」

對方說：「我們的客戶等著我們打樣！」

木木又問：「既然只是打樣，是否現在就需要所有貨物呢？」對方說：「打樣的話，我看看，大概 1/10 的貨就夠了。」

木木說：「我今天下午就可以將訂單中 1/10 的貨空運給你，明天一早就能到。不管費用多少，都可以由我們來買單。」

就這樣，木木既控制了成本，又滿足了客戶需求。

你看，我們的工作中並非都是毫無餘地的必解之題，只要跳出考試思維，你就不再是個悶著頭也做不出題目的被動考生。你可以成為和對方合作，共同確定目標、達成目標的主動玩家。

回顧

這一章講述了向上影響的思維方式，雖然只是小小的思維轉變，但這種轉變決定了我們最終獲得什麼樣的結果。

為什麼有些人面對權威只能被動接受，而有些人與權威之間的關係卻可以靈活多變？這背後就是考試思維和合作思維的差異。

想想看，在你的工作和生活中，有一些地方也存在

著這種思維差異？試著回想一下，給自己一個不同
以前的視角。

第 6 章

向上管理：
找到老闆的核心需求，
搞定不可能的任務

你不必喜歡或崇拜權威，

也不必怨恨他，但你需要管理他，

讓他為組織的成效、成果以及你個人的成功提供資源。

鑿穿你和權威之間的那堵牆，

和他站到一起，走向一個戰壕，

這就是你發揮影響力的過程。

上一章裡我們提出了考試思維和合作思維這兩種不同的思維方式，它會導致兩種完全不同的行為。

每個人的大腦運轉方式都不同。以前，我總覺得很多事情推進不了是溝通上有問題，但後來，隨著對這個領域更深入的了解，結合學習的心理學和腦神經科學的知識，我逐漸意識到，人和人之間的分歧首先不是溝通問題造成的，而是我們不同的思維方式造成的，正是不同的思維方式導致了不良溝通。所以，不管是在課程中還是在我寫的書裡，我都會先講原理、講思維，這是一切行為的根源。只有看到不一樣，才有可能做到不一樣。

向上影響也一樣，人們的思維模式不同，決定了其行為不同。一個有考試思維的人和一個有合作思維的人，兩者處理問題的方式一定有極大的差異。

我有一個女性朋友艾達，她從小到大學習成績一直很優秀，在學校，不僅當了班長，還會做一些在她能力範圍內的其他工作。之後，她在職場上也做得很好，很有成就感，「解題」很成功。後來，工作變得複雜了，難度不斷增加，題目好像解不出來了，於是她自己的心態先崩了。前段時間她離職了，原因是有一個複雜的業務她無論如何都處理不好。我後來跟她聊天，發現她帶著強烈的憤怒和挫敗感。我分析了

艾達的這種情緒，發現其中有兩個部分她沒有處理好：

第一，艾達把自己的主管當老師了。當時，她的主管有個新的業務，而這位主管也沒想清楚怎麼完成。於是，每次艾達在操作過程中遇到各種挑戰時，她就覺得：「主管老師，你出的這個題不行啊，這怎麼做？」後來她發現這位所謂的主管老師根本沒有答案。而且，因為業務太複雜，超出了主管的預期，他也開始有點控制不住局面了。這讓艾達失望到不行。後來她跟我說，她對主管有一種完美預期，覺得主管不可能搞不定。於是，當她發現主管真的搞不定的時候，這對她的打擊非常大。因為在艾達心裡，主管不僅是老師，而且有時甚至像是父親的角色一樣，她認為他肯定有正確答案，他肯定什麼都行。

第二，艾達把自己當成學生了。

艾達的目標很簡單，就是完成業績。前面幾個月她的表現非常好，業績出色。後來，那個複雜的業務出現了，她解不出來了。她非常努力，常常加班到半夜，但是仍然解不出來。恰好她的主管也有點考試思維，所以兩個人都陷在慣有模式中，各自悶著頭解題。

他們當月的任務是為一個一期 60 人的高價培訓班招滿生源。後來有一天，核心管理團隊接到告知，說這期培訓班不

開了，因為只招到 30 多人。

可想而知，這件事對艾達的打擊有多大——在她的世界觀裡，這相當於她考試不及格。問題是，艾達從小到大都是班長、好學生，這次怎麼可以不及格？於是她先崩潰了，認為自己必須離職。艾達說：「我已經盡力了。」

我說：「其實你並沒有盡力，你離一個真正負責任的職場人還有關鍵的一步沒走。你從來沒有理解過這其中的『為什麼』——為什麼我們要做這個業務。」

這是實實在在發生在我身邊的案例，結局也很讓人遺憾。那我們一起看看，如何才能發現工作背後的「為什麼」，讓自己真正成為為工作負責的職場人？

方法只有一個，就是鑿穿你和權威之間的那堵牆，讓自己看清楚他不是老師，他沒有在出題。只有鑿穿這堵牆，與他站到了一起，你們才能擁有同樣的視野，看到同樣的困境及願景，才能達成真正的合作關係。

在考試思維中，牆的一邊是老師，他精心琢磨了一套題，等著檢驗你的能力；牆的另一邊是你這個學生，正在戰戰兢兢地解題。

「鑿穿這堵牆」這個想像很重要，請始終保持腦海中的想像。

　　第一個動作，在心裡給對方頒一個「降職證書」──他不再是你的老師了。不僅如此，他還需要你的幫助。你們之所以成為同事或者展開一段互動關係，不是因為你走進了這個「考場」，而是因為他需要戰友，你要跟他一起完成一些看上去不可能完成的任務。對你來說也是如此：你已經進入社會，你需要的是戰友，你們共同需要的不是一堵牆，而是一個戰壕。你們在戰壕當中，背對背，要互相守護和支撐。

　　我在面試員工的時候，總會問他們一個問題：「你為什麼要加入我們公司？」有些面試者會跟我說：「我想來公司的一個目的是希望學到很多東西。」我有時候會開玩笑說：「那你要交學費給公司嗎？」

　　聽上去很刻薄，但這是事實。對於新同事，公司當然會有培訓、有師傅帶領、有文化傳承，以保證大家能學到東西，有所成長。但前提是，我們每個人心裡都要非常清楚：「我是來創造價值的，是來跟團隊一起作戰的！」

　　成熟的職場人面對我這個問題的反應則是：「我想實現某些自我價值，同時，我還可以給公司帶來很多價值。」

　　這就是鑿穿這堵牆的第一個動作：他降職，你升職；你們站到了同一個位置，並肩作戰。

　　鑿穿那堵牆還要做一個動作，叫作「多心」──你要讓自

己總是思考一個「為什麼」。

十幾年前，我畢業後入職第一家公司的時候，只是一個實習生，但我做到主管只用了 1 年時間，之後升職到事業部負責人，再到 COO，也都發展得比較順利。我以前並沒有深究過原因，只是覺得自己運氣好。老闆也經常開玩笑說：「因為沒人可用啊，就只能用你。」後來有一次，我跟一個資深的財經記者聊天，他給了我一個回饋：「我採訪了很多公司，發現一些比較成熟的職場人都有一個特質，那就是多心。」

我這才意識到，我的順利不是平白無故發生的，這其中自有規律。我以前只是做編輯部主管，手下沒幾個人，公司跟我平級的主管有好幾個。但每次高級主管開會，我都特別留心聽公司的戰略是什麼，其他部門的業務怎麼發展，然後在腦子裡橫向拉一個架構圖，裡面包括公司要什麼、老闆要什麼、其他事業部在做什麼、跟我的關係是什麼。

那時，我丈夫總是嘲笑我，說我「拿著賣白菜的錢，整天操著賣白粉的心」。

對一些人來說，這樣太累了，只管好自己的「一畝三分地」就已經很不容易。但是我覺得，我只有理解了整個公司的願景和方向，才能真的把自己的「一畝三分地」做好。

如果不多心，不徹底理解公司的方向、老闆心裡的目

標，我就不可能順應公司願景同步去架構自己部門的業務，我就只能機械執行任務。比如，老闆說「你要做一個財經作者研修班」，我就茫然地去做。做一場線下活動，累得要命，我心裡肯定滿是怨言：「我不好好做書，跑來做這個幹麻？」但當我了解到公司的願景和意圖是想做中國最好的財經出版公司，那麼組織作者研修班的意義就很明顯了。而且理解了「為什麼」後，對於我要怎麼設置環節，哪些事情不必要，我都不會毫無章法，而是有一顆閃亮的「北極星」在指引我——「為什麼」，就是那顆北極星。

這麼想來，「多心」是讓我走到權威身邊，跟他成為戰友的一個方法。弄懂「為什麼」，是破除考試思維和合作思維之間那堵牆的關鍵。

在上一章裡，我講過光明乳業前董事長王佳芬的故事，還記得她遇到那個巨大困境時詢問自己的關鍵問題嗎？她問的就是「為什麼」——「為什麼羅局長要引進丹麥資金，建立嬰兒乳品合資公司？」這個問題她當時就給出了答案：羅局長最希望看到國內的牛奶公司對外開放，從而獲得更大的發展。他對當時牛奶公司的保守作風很不滿意，所以牛奶公司的對外合作是他的主要目的，而排他性條款是為了達成這個目的不得不接受的外資方條件。為什麼王佳芬能這麼快地

回答這個為什麼？因為她「多心」，她平時就會留意主管部門和主管領導的意圖和走向，她了解羅局長。《新鮮：我和光明15年》這本書中還講到，王佳芬知道，羅局長的開放意識、競爭意識、發展意識在當時上海局級領導層裡屬於先行者。這種平時的功夫，在關鍵時刻幫她做出了正確判斷。

美國有一家傳奇公司網飛（Netflix），它出品了很多知名度很高的影視劇。在美國，網飛公司與臉書、亞馬遜、谷歌並稱為「美股四劍客」，在商業市場取得了巨大的成功。這家公司有一份著名的企業文化和組織管理文件，叫作《網飛文化手冊》，被稱為矽谷最重要的文件。這個手冊中有一條是：「員工需要以高層管理者的視角看待事物，以便感受到自己與所有層級、所有部門都必須解決的問題之間有真正的聯系，這樣公司才能發現每個環節上的問題和機會，並採取有效行動。如果員工不了解業務，那一定是管理者失職。」

鑿穿那堵牆的第三個動作，是去問。

如果你已經理解了為什麼要鑿穿那堵牆，如果你試圖多心，但還不確定自己對「為什麼」的答案理解到位，不確定自己已經跟權威走到了同一戰壕，那麼最有效的方式就是去問：「為什麼？我們為什麼要做這件事？」

回到一開始講到的艾達離職的例子：當期高價課沒有招

滿學員，所以艾達團隊自行決定停辦。你有沒有注意到一個細節，核心管理團隊是被告知停辦的，因為操盤人覺得她的任務就是招滿生源，沒有招滿，就停辦。這是當時最大的矛盾點。因為這件事，艾達和主管之間產生了很大的衝突。後來冷靜下來回顧整件事，艾達感覺到在她和主管之間有一道堅固的牆——我們的沮喪感往往就來自這些時刻。對方覺得：「我已經盡力了。」而你覺得：「你根本沒有理解公司到底要什麼！」如果當時艾達去問公司「為什麼」，她會知道，公司希望通過這個業務服務一批最核心的高淨值用戶，同時維護這個業務的講師團隊。從這個角度來看，哪怕只有 40 人，保證這個業務實施才是最重要的。而由於在這個

　　點上沒有達成統一，高層認為只要沒達到 60 人開班標準就停辦，這根本沒什麼商量餘地。所以他們很不理解艾達的憤怒：「人數不滿就停辦，這不是很正常嗎？你為什麼要發這麼大的火？」

　　你看，在這堵牆的兩端，她覺得對方錯得離譜，對方也覺得她不可理喻。這是彼此最孤獨的時刻。

　　關於「問」這個動作，責任不僅僅在員工身上——當然，員工需要擺脫考試思維，真正成為一個能擔責的職場人。一個人只有擁有合作思維，才有可能發揮出他在職場中的影響

力。但是，公司也要承擔起自己的責任，那就是建立這樣一種文化：讓公司裡的每個人都能理解「為什麼」。公司需要去創造一個可以被提問的環境，並且把這個價值觀貫穿到每個人的內心。

網飛公司提倡的價值觀是雙向溝通，公司鼓勵員工可以對上至 CEO 在內的所有管理者提問。網飛擁有著名的「新員工大學」，他們會告訴每一位學員，如果你不提問，你就不會得到答案。這就相當於給了各個層級的員工一種許可，讓他們可以不受約束地提問並獲得答案。公司上上下下都提倡一種「好奇」文化，這意味著管理者經常會因為有人問了一個好問題而得到一些重要的啟發。

當你用提問獲知權威的真正目的之後，你會發現，很多看似高得完不成的業務，或者不合理的要求，都變得可談了。原來，這個世界根本不是你以為的非此即彼、非黑即白。於是，我們就有了下一個動作——談判。

王佳芬在《新鮮》一書中講到，當她知道了羅局長的意圖和目的後，是這樣談判的：「嬰兒奶粉在未來是一個戰略制高點，利潤豐厚，如果光明和外資合作，就能占領這個制高點。光明正處於成長的關鍵階段，必須抓住一切成長機會；而這次合作正是光明的關鍵機會，我們相信會給上海乳業帶

來驚喜。」

　　她在書裡說，放棄總是容易的，這既能讓自己的工作簡單化，又不違拗主管的意思。但這不是一位領導者該有的意識，她必須抓住一切成長的機會，努力爭取。

　　之後，她還和羅局長進行了可操作性的討論，證明這個合資業務是可以馬上開展的。最後，她獲得了羅局長的首肯和支持。羅局長表示，他會去做通政府有關部門的工作。王佳芬還主動跑了外資委、農委等部門，繼續溝通談判，爭取到了相關部門領導的支持，最終促成了合資。

　　這就是談判帶來的第一種好處：贏得更多額外的幫助。

　　影響力是在與人不斷互動中發揮出來的。但是，比談判更難的，是有勇氣邁出談判的那一步。合作思維可以給予我們這份勇氣，因為我們是站在一起的戰友，而不是你在考我、我要解題。所有問題都可以談。談判能帶來的第二種好處是，它或許能幫你找到替代方案，完成權

　　威人士的要求。

　　我曾與一位同事合作過，在此，為方便描述，暫且稱其為 B。B 的邏輯非常清楚，能力很強。每次要進行新業務，她都會花很長時間跟我溝通。B 說：「我只有理解為什麼要做這件事，才能放手去試。一種方法不通，可以找另外一種方

法。而能保證我不跑偏的一個原因是，我知道我們要去哪裡、為什麼要做這件事。」

不要害怕和老闆談判，對他而言，最重要的是任務背後的那個「為什麼」，他並不在乎你會改變什麼，或者你要用哪種方法去完成它。

破除「權威是老師」的固有思維，在工作中保持多心，直接問出來——這都是鑿穿那堵牆的關鍵動作。

很多朋友會說：「那是因為你碰到的都是好老闆，願意放權，不干預你。我遇到的老闆都是控制欲很強、一直盯著我各種工作細節的，讓我覺得很不舒服。」

老闆如何並不是最重要的。最重要的是，整個過程中，不管你是通過理解「為什麼」，通過談判改變了權威的指令，還是由於理解了「為什麼」，有效執行了權威的指令，你都在無形中對權威施加了影響力，這種影響力就叫作「信任」。

本書的推薦人之一是陳愉女士，她是美國洛杉磯市前副市長，著有暢銷書《30 歲前別結婚》。我跟她談合作之前，她已經接觸了國內十幾家合作方，很多合作方比我們流量大、名氣大，我並沒有十足的把握跟她合作成功。在我心裡，在某種程度上，她就是權威。

但我有我的法寶，那就是合作思維。

因為時間緊，我不確定自己的思考角度是否準確，所以我開門見山地問她：「你為什麼要在中國做內容創業？」

她一愣，隨後就打開了話匣子。這下我終於理解了陳愉的訴求，於是告訴她：「Joy（陳愉的英文名），你不需要為每個不同平台提供不同的產品，那樣會失去你自己。我要知道你想做什麼，然後我們一起打造出一套屬於你也屬於我們用戶的課程。」

我得到了她的信任，而這份信任，為後來的很多合作都打下了良好的基礎。

以前我還在打工的時候，經常被指派去參與一些重要的談判，但參與那些談判有時候並不算是我最主要的職責。我一開始還奇怪，這不是我的工作範圍啊，為什麼要我去？

當我自己創業做老闆的時候，我才理解當時我得到的，就是老闆的信任。

因為我的團隊裡也有這樣的伙伴，他們花了一些心思去理解公司要什麼，為什麼我們要做這件事。我發現公司裡有影響力的人——那些很能影響權威和老闆的人，都是弄明白了「為什麼」的一批人。他們通過提問、觀察，常常會給我一些新的方案。

所以，每次有新業務發生，我都傾向於讓他們去帶新業

務。因為在日常的互動中，我確信他們能夠理解我想要什麼，公司將走向哪裡，以及「為什麼」。

當你知道「為什麼」之後再去執行，就會贏得更多信任，就可能贏得老闆給予的更大的執行空間，從而形成良性循環。即使你沒有改變老闆的決策，你也已經實現了向上影響。

最後，我想稍微改動管理大師彼得‧杜拉克（Peter Drucker）的一段話並分享給大家：

世上沒有兩個工作、表現或行事完全一樣的人。你沒有義務改造、再教育權威，或讓權威依循商學院和管理書籍談論的模範圍行事準則。你不必喜歡或崇拜權威，你也不必怨恨他。但你需要管理他，讓他為組織成效、成果，以及你個人的成功提供資源。

回顧

為什麼我們在權威面前常覺得自己被動無助？實際上，這是因為我們被考試思維限制住了，這種思維模式會導致我們只關注怎麼解題，卻不去理解問題

背後的真相。

從考試思維轉變到合作思維的方法只有一個，就是鑿穿你跟權威之間的那堵牆，和他站到一起。從牆的兩邊，走到一個戰壕中，就是你發揮影響力的過程。

最後，我再給大家分享一些和權威溝通時可以套用以及要注意避免的句式：

不要說「老闆，這個任務我完成不了」，而要說「為了更好地完成這個任務，我想了解以下這些內容」。

不要說「最近我的事情太多了」、「這個任務太難了」，而要說「為了更好地實現我們的目標，我需要這些幫助」。

不要等問題發生了，才去跟客戶說「對不起，這件事我們失誤了」，而要在發生困難的時刻就及時同步：「我們現在遇到了這一個困難，為了更好地完成雙方的目標，請你和我們一起努力。」

只要從思維正確的角度看你和對方是合作關係，這些話術就一點兒都不難。

我的一個同事曾在朋友圈分享過這樣一段話：

所謂考試思維和合作思維，我是這麼理解的：當你

沒有完成 KPI（關鍵績效指標），看到老闆舉著刀衝過來時⋯⋯

考試思維是：「老闆要砍死我了怎麼辦？」合作思維是：「哇！老闆給了我一把好厲害的刀讓我去和 KPI 搏鬥！」

這是我看到的最有趣的理解。

第 7 章

對抗「杏仁核綁架」，
正確地應對他人的批評

不斷練習，自我進化，

得體地應對批評，

養成理智思考的習慣，

避免做出衝動行為，

這樣才能更好地對抗「杏仁核綁架」，

達成自己的目標。

沒有人喜歡被批評，但是生活中被批評的情況在所難免。關於批評，心理學家羅伯特・巴隆（Robert A. Baron）做了一項研究，他給同一批人分派了兩個任務，第一個任務結束後，他對這些人提出了嚴厲的批評。結果顯示，所有參與實驗的人在收到批評後都主動降低了對第二個任務的目標，他們沒有接第一個任務時那麼信心滿滿；同時，他們在做第二個任務的時候，效率明顯降低。

羅伯特又做了第二個實驗。他換了一批實驗對象，這次是給一批大學生分派了一項任務。同樣，實驗人員仍然對這些學生進行了很粗暴的批評。結果驚人地相似，所有大學生都表示，他們會用回避和對抗的方法來應對這些批評，而非採取合作和妥協的方式。可見，批評對一個人的影響有多大。

我們每個人都被批評過，這不可避免。但是，如果你仔細觀察就會發現，每個人被批評時的反應大不相同，而這些反應直接影響了我們與他人之間的關係，以及我們對工作的後續推進。這些反應甚至在那一刻影響了我們的氣場和氣質。

我常開玩笑說，人們在應對這種極端情況下所表現出來的模樣，很大程度上能凸顯一個人與另一個人之間的不同之處。

我親眼見過一個剛剛結束演講、在講台上氣宇軒昂的人

下了台，遇到了老闆，老闆沒有給他任何贊許的話，反而當即指出他剛才演講中幾個失誤的地方。這個前一分鐘還在台上氣場十足的家伙，忽然像縮小了一號一樣，一邊聽一邊不安地搔著手，臉漲得通紅。老闆走後，他轉頭跟自己的助理說：「他懂什麼？」

那個瞬間很觸動我，後來我反復想起這個場景——也就那麼幾秒鐘，它展現出了一個人內心很本質的一些東西：你的內心是完整的還是假裝強大的？是相對穩定的，還是外界一有風吹草動就崩塌的？是有意識做過思維練習的，還是完全本能的？

很多人覺得影響力是一種很高大上的能力，要做到一定職位才需要擁有這種能力。其實並非如此，影響力是由一個人身上很多細小的反應組成的。比如，你在提需求時，是得體有效，還是畏畏縮縮、左顧右盼？比如，別人跟你講話時，你是雙眼凝視對方認真傾聽，還是不等對方說完一句話，就急匆匆表達自己的觀點？比如，接到新業務，你是懵懵懂懂，主管說什麼就做什麼，還是會有自己的思考、明白側重點和目標？

這些有形的細節，共同拚出了看似無形的影響力。你是否願意親近一個人，是否願意信任他、追隨他，都是由這些

細節決定的。

應對批評的方式，也是這種有形的細節之一，它之所以需要學習，是因為從小到大，沒有人教過我們：為什麼我們會恐懼批評？這個過程中，大腦發生了哪些鬥爭？應對批評最好的態度是什麼？有哪些方法可以讓我們完成從恐懼到合作的轉變？

首先，我想告訴你，不只是你和我，很多極具影響力的人也都曾因為不會應對批評而踩過「大坑」。

比如香奈兒集團前全球 CEO 莫琳・希凱。她是一位非常有影響力的女性，曾掌管香奈兒的全球事務，被稱為「新一代香奈兒女王」，還曾在全球最大零售公司蓋璞（Gap）供職過，她在《深度思考》（*Beyond the Label*）一書中講到的這個故事就發生在她在蓋璞工作期間。

當時她的匯報對象是蓋璞公司的 CEO 米奇。米奇是一個非常專業的零售奇才，華爾街的投資者和金融家形容他是「商人王子」，因為在挑選暢銷產品時，米奇有著近乎完美的命中率。在公司，所有主管都會跟米奇一起開「米奇會議」，即關於新品服裝的產品搭配和購買計劃的會議，這個會議還有另一個名字——「恐怖會議」。

為什麼恐怖呢？在這個會之前，選品人和視覺營銷團隊

常常需要通宵奮戰，準備產品展示。他們會重新布置衣服的展示布局，突顯各種顏色的搭配，裝飾會場的每一面牆壁，以呈現出當季最熱潮流，並接受老闆米奇的檢閱。會前他們經常疲憊之極，但更多的是內心的恐懼，因為米奇實在太挑剔了，他們擔心自己精心籌備的計劃被徹底否定。

這一天，莫琳要上選品會。她當時的職位是女褲部門的營銷經理，她決定推薦一款用最新布料製成的新潮牛仔褲，因為她看到蓋璞最暢銷的經典款高腰直筒收腳牛仔褲的銷量已經在下降，這不就證明她選擇新款牛仔褲是正確的決策嗎？

在會議上，她信心滿滿地解釋了為什麼選擇新款。沒想到米奇面無表情地說：「這不是正確的樣本，只有經典款才是，現只需要我們把經典款做得更酷。」

莫琳急忙辯解：「我覺得這種布料用在新款式中會非常不錯，當下經典款的銷售情況很糟糕，潮人已經不再爭相穿收腳褲出門了。這款煙管牛仔褲是我們的設計團隊設計的，大家都喜歡它，而且⋯⋯」莫琳在書裡描述了一個細節：她當時的聲音已經開始發抖了。

米奇打斷了莫琳的辯解，問：「你買入了多少？」

莫琳繼續重複剛才說過的話，以證明她選的新款式有多

棒。

米奇再次打斷她：「我是問你，我剛才說的經典款，你買入了多少？」

事實是，莫琳沒有買入經典款，她只是訂購了一大批新款。莫琳繼續堅持自己的想法：「經典款銷量在下降啊！」

「當然，只要你們繼續用最便宜、最醜陋的布料，經典款的銷量會一直下降。但問題是，你們賣出了多少條經典款的褲子？」

莫琳手忙腳亂地翻數據報告，發現經典款一周賣了 25000 件。「告訴我，銷量第二的褲子賣了多少？」老闆繼續逼問。

莫琳忍不住繼續解釋：「4000……可是，雖然我們只賣了 4000 條寬腳褲，但是我們已經斷貨了啊……我真的覺得新款會大賣，經典款已經過時了……」

這時候米奇已經十分憤怒了，他站起來，嘴角還掛著唾沫：「25000 條和 4000 條的差距，你在開玩笑嗎？我不會再跟你說任何一句話了，因為你根本不聽！」

然後米奇摔門走了。

只看文字，我們都能感到這是一次劍拔弩張、令人緊張到頭痛的會議。

而這種情況，幾乎天天出現在我們的生活和工作中。

　　例如，本來是一個業務討論會，開著開著卻變成了辯論會，只是因為你聽到了一句批評，忍不住辯解。

　　例如，媽媽覺得你睡得太晚，不理解你為什麼每天這麼忙碌，工資也不見得很高。你心煩意亂地對她說：「你能不能別管我！」媽媽很受傷，結果你們兩人大吵一架。

　　面對批評，我們每一個人都如驚弓之鳥。

　　為什麼會這樣？這不是因為你脾氣不夠好，不是因為你不夠成熟，這背後其實是有生理依據的——因為批評會引發我們大腦中的一場戰爭，這場戰爭的雙方就是情緒和思考。

　　我們都知道，情緒是由大腦裡的杏仁核控制的——杏仁核深藏在大腦底部，是大腦最強有力的區域之一。這個區域會簡單化資訊，讓你說出本能的反應；而且這個區域渴望贊美，會把批評看作一種攻擊。儘管你感覺不到它，但它控制著你的行為。比如，當你被激烈地批評時，你會感到很不高興，於是杏仁核就向身體發出準備戰鬥或逃跑的信號，比如心跳加速、血壓升高、呼吸加快、肌肉緊張。有些研究者把它稱為「杏仁核綁架」，這時候，你很容易做出一些「衝動」的事情。比如，我們經常會對自己的一些行為後悔：「哎呀，剛才怎麼回事，我太衝動了，克制一下就好了。怎麼當時就控制不住呢？」這就是被杏仁核綁架了。如果那個時刻你放任自

己做出本能反應的話，你很快就會意識到自己反應過度了——「我剛才有點過分」。因為杏仁核產生的反應是爆發式的，雖然你很快會平息下來，但這種爆發的後坐力很大。

莫琳在被老闆指責時的反應，就是典型的被杏仁核綁架的反應。當時的她，完全沉浸在「想要證明自己正確」的衝動中，她要抗爭、要戰鬥，而不是「找出真相」，她的大腦在那一刻是封閉的。

好在人體很神奇，處處都有平衡。大腦有主管情緒的區域，就有主管意識和思考的區域——前額皮層。前額皮層是我們大腦裡最具人類特徵的部分。我們通過這個區域進行邏輯推理，它產生的反應更加穩定和持久，它代表的是思考的力量。所以，你看到有些人不斷自我進化，他們應對批評的反應很得體，不會衝動，並且最終能夠達到自己的目標；而有些人就會選擇反抗或者攻擊，最終無法與他人合作。他們之間最大的區別是，前面這類人會在關鍵時刻思考是什麼原因導致自己出現杏仁核綁架。他們在分析和思考情緒之後，知道了哪些情況下自己會衝動，會控制不住自己，會被杏仁核綁架。這個「看到」的過程非常重要——「放下一個東西之前，得先拿起它」。了解杏仁核綁架的過程，就是我們拿起它的過程。現在，我們可以通過練習，把它放下，在每一次

情緒和思考之戰爆發時，掌握更好的應對方式。

練習可以幫助我們形成習慣，而養成習慣是最高效的改變行為的方式。

舉個例子，一個沒有養成對抗杏仁核綁架的人應對批評的方式就是被杏仁核綁架──和別人大吵一架，回家後後悔，再花更多的時間扭轉和他人的關係，重新開啟合作。暫且不說他能不能成功，這個過程前後大概需要花掉一兩天時間。但是，經過不斷練習、已經養成理性思考習慣的人被批評了，則會在第一時間辨別出：「我現在的肌肉緊張和憤怒都是杏仁核綁架造成的，我只需要一點時間，這種情緒就會過去。」所以，他要麼暫停談話，要麼啟動理性思考，不被情緒牽引。這個過程前後只需要 5~10 分鐘。人貴在自醒，有自我察覺能力。

普立茲獎得主查爾斯・杜希格（Charles Duhigg）在他的暢銷書《習慣的力量》（*The Power of Habit*）裡寫道：

「習慣是我們刻意或深思後做出的選擇，即使過了一段時間不再思考，你也能繼續發揮作用，它是我們神經系統的自然反應。習慣成形後，我們的大腦就可以進入省力模式，不再全心全意地參與決策過程。」

養成習慣的方法就是練習。只要經常練習，我們可以養成任何習慣。

回顧

為什麼被批評之後，我們的反應都是想逃跑或者想吵架？這不是你的性格問題，而是由生理結構引起的，這種現像被稱為「杏仁核綁架」看到這一點，你是不是放鬆了很多？既然人人都有這個問題，那麼你可以試著改變一下自己的應對方式，變得與眾不同，並且通過這些應對模式的改變，形成自己的影響力。

第 8 章

積極詢問加回饋：
從「害怕批評」到「善用批評」

被權威質疑時，

不要停留在「我以為」的階段，

往前走一步，去確認你的想法。

把關注點放在雙方共同的目標上，

是進入合作思維的最佳方式。

當我們面對批評時，生理因素影響了我們的反應，但最終導致人和人之間的差距的，是一個人是否形成了這種高級意識：理性邏輯化的自己，能否在和衝動情緒化的自己的對抗中占據優勢。

高級意識可以通過練習內化為我們的習慣，這一練習共分三步。第一步是換頻道——從「杏仁核頻道」換到「前額葉頻道」。

當遇到批評時，我們一般會有以下幾種具體的反應：

第一種反應是用回擊自我防衛。被批評時，你總覺得對方在否定自己，於是立即啟動了防禦機制。比如前面講到的莫琳就是採用了這個應對方式，她覺得老闆米奇在質疑自己的工作成果。在防禦機制下，老闆一張嘴，她馬上用一大堆證據來證明自己是對的，以致老闆最後忍無可忍，摔門而出，並對她說：「你根本不聽（我在說什麼）！」

第二種反應是不承認，為自己的行為找借口。一旦被質疑被批評，第一時間否認。「我沒有」、「我覺得不是」——在面對批評的時候，我們常常會下意識地脫口而出這些話，或者把責任推給別人。

第三種反應是回避，避而不談。這可能是最不利的應對方式了。這種情況大多出現在生活中，特別是在親密關係

中。比如，很多妻子每當抱怨丈夫時，對方馬上就說：「好了好了，別說了！」然後他就不說話了，不管妻子說什麼，丈夫都保持沉默。但越是這樣，妻子越是憤怒，因為問題並沒有得到解決，有時候反倒讓誤解更大，或者是讓妻子感覺到這是丈夫的隱性攻擊：「你想談是吧，我就不談！」

以上所有行為都可以用三個字來概括，那就是「杏仁核頻道」下的「不合作」。

比如莫琳，在會議上的那一刻，她完全沒有意識到自己跟老闆米奇之間是合作關係，他們是權利對等的。在慣性思維之下，她想當然覺得高高在上的老闆是在針對自己這個「不夠優秀」的員工，他是在質疑自己的工作能力。「如果我不證明自己是對的，他肯定會覺得我能力不行，甚至有可能對我失去信任！太可怕了，太可怕了⋯⋯」

於是，面對老闆的提問，哪怕莫琳慌張到聲音顫抖，卻還要硬著頭皮拿出「證據」，試圖證明自己的決策是對的，她完全沒有理會老闆在說什麼，杏仁核控制著她去戰鬥。

要是切換到前額葉這個「頻道」呢？前額葉代表的是理性思考，它是合作思維的舞台。你還記得合作思維最重要的部分是什麼嗎？

「合作是前提，不是結果。」

　　這個思維用在批評上是這樣的：批評是基於合作這個前提存在的。為什麼會有批評？因為你們雙方正在合作，否則你們就是這個星球上毫無關係的兩個個體。對方並非無緣無故地忽然出現並且專程來批評你，他早已是你的合作伙伴了，為了讓合作關係更好地進行，他要給你一些意見。所以，批評不僅不會導致合作中止或者產生不好的結果，反而會幫助你們更好地合作。

　　在合作思維下，我們關注的不再是人，而是事。我們開始有這樣的意識：這是對合作過程中出現的問題的批評，不是針對某個人的攻擊。回到莫琳身上，當那個糟糕的會議結束以後，她以為自己會被辭退，因為她還在非合作思維中考慮問題：「我沒有達到目標，就完不成合作。」後來，她接到了老闆米奇的電話，那一刻，她內心的想法是：

　　「這一刻終於來了。」沒想到米奇說的是：「莫琳，你很有潛力，你可以成為一個很出色的商人。我知道你有不錯的品味，可以選出暢銷產品。但是，在整個會議中，你都在試圖告訴我你是對的，你沒聽進去我說的任何一句話！」

　　這個時候，莫琳的杏仁核綁架時間已經過去了，她冷靜下來。直到這個時候，莫琳才開始覺察自己在之前會議上的表現──「我怎麼會這樣？」

老闆米奇特意打來電話，這讓莫琳重新意識到他們雙方在合作。畢竟，米奇本可以不打這個電話的，他可是世界最大零售公司的 CEO 啊！但是他打了電話，告訴莫琳：「你很棒！但是你有些地方要改進。」

莫琳是從那時候開始意識到，批評是可以基於合作這個前提存在的，他們雙方是平等互利的關係。老闆的批評起源於合作，他在發表自己的看法，他希望雙方的合作可以達成更好的目標——「他在幫我做到更好。」

看到不一樣，就能做到不一樣。後來，莫琳再去開「米奇會議」時仍會受到批評，畢竟對面坐著的可是一位眼光毒辣的商業奇才，但在杏仁核綁架發生的瞬間，莫琳開始了新的練習：她會停住，轉換頻道。她發現，一旦開始這種練習，米奇提出的批評聽上去就都變成了非常有意義的對話。這個會議在莫琳眼中變了：它變成了向優秀者學習資深經驗的好機會，完全不是之前她所認為的必經的「磨難」了。

莫琳在《深度思考》一書中寫道：老闆米奇的警告批評不僅不會再傷害她，甚至讓她吸取到了不少非常好的建議。隨後的幾年，她在職場不斷晉升，最終成為蓋璞的執行副總裁。接著她又接受了獵頭的邀請，一路升職為香奈兒集團的全球總監。

莫琳的例子生動地展現了當我們面對批評時，切換頻道將會帶來怎樣不同的結果。

也許你會覺得換頻道有些抽象，我們怎麼才能讓無形的意識變成具體動作？這就引出了第二步——問出來，問自己一個問題：「我們的目標是什麼？」

我有一位好朋友，他是一名心理諮商師。在此，為方便描述，暫且稱其為W。W專業能力很強，大家對他的諮商服務一直都評價很高。但即使如此，W也面對過激烈的批評。有一次，一個來訪者在諮商結束後，給了W完全負面的評價：「你這是什麼諮商？對我一點幫助也沒有！你的諮商都是騙人的！」

專業人士被質疑其專業能力是最可怕的，而且還是如此激烈和負面的批評。多數人在這個時候很可能會進入杏仁核頻道，要麼會反駁：

「你簡直無知！我做諮商師十幾年，不知道幫助了多少人，你懂什麼？」要麼就是逃避：「既然你不滿意，以後就不要來了！」

這兩種回應方式無疑都會導致這一次合作中斷，甚至會讓我的這位朋友徹底失去自己的專業影響力。

於是，W做出了第三個選擇——他通過對自己提出問

題，從而切換到了前額葉頻道：「我和來訪者在這裡的目的是什麼？」

答案並不難：兩個人在諮商室裡的目的是一致的，就是讓來訪者更了解自己，並且通過諮商解決他的困擾。那麼，來訪者有這樣的反應，是不是說明他的目的沒有達成？如果沒有，心理諮商師又該如何幫他達成？想到這裡，諮商師已經完全進入合作頻道，全力思考如何在「來訪者不滿意」這一點上做工作，集中精力幫助來訪者意識到自己的日常行為模式。就這樣，他的極端情緒、逃跑想法、戰鬥思維，一個都沒有了，杏仁核綁架被成功阻止。

莫琳在被老闆挑剔的時候如果能問問自己「我們的目的是什麼」，答案便顯而易見──兩人共同的目的是為蓋璞公司挑選到最好賣的產品。老闆的一切挑剔和不滿，不是因為想要質疑莫琳，而是因為這個目的沒有達到。

把關注點放到雙方的共同目標上，是我們進入合作思維的最佳方式。

我們也可以詢問對方，與對方確認自己內心的疑惑，然後消除誤解。

我在工作的時候，常常會聽到一個句式──「我以為……」有一次我約了一個重要客戶，約好的是第二天上午

10 點。9 點 59 分的時候，我的助理忽然在群裡發消息：「會議可能要改時間，老闆沒有回覆我，應該是在處理急事。」

我愣了一下，馬上打電話問他：「我在電梯裡，為什麼你會無故推遲會議？」

他回我說：「我去你辦公室看了看，你不在；發你訊息你也沒回，我以為你臨時去處理急事了。」

我跟他說：「謝謝你為我著想，但是你剛才的做法非常不專業，不要用『我以為』去確認任何一件事。」因為你以為，只是「你以為」，那並不是事實。

這種情況在我們的生活工作中也經常發生。

例如，你給同事發消息溝通一個合作問題，對方一直沒有回覆，你有點忐忑，腦補了很多情節：「是不是我哪裡惹到她了？她是不是特別討厭我？她肯定是故意忽視我的訊息！」過了一會兒，你很可能從焦慮變成憤怒：「她這個人就是這樣，總是不及時回覆訊息，太不敬業了！」又如，剛剛搬來跟你同住的婆婆每天早上 6 點就起床了，準備了超級豐富的早餐。你熬夜加班，凌晨 1 點多才睡下，周末都要睡到早上 10 點，吃不吃早餐真的無所謂，睡飽才是你最需要的。可是，現在哪怕周末你也沒辦法安心賴床了，因為你心裡會嘀咕：「這樣是不是對不起婆婆？她會不會對我有意見？」這麼

一想，你只能硬著頭皮改變自己的生活習慣，可心裡明明就是不情願嘛，結果一肚子氣都發在了丈夫身上：「都說了不要和老人同住！我很睏，一大早又要起來！」丈夫也很生氣：「有沒有搞錯啊？我媽辛辛苦苦一片好心，你還這副態度！」你們兩人的爭執，根本沒在本質問題上。

美國前總統歐巴馬的副幕僚長艾麗莎・馬斯特羅莫納科（Alyssa Mastromonaco）在其《柔軟的力量》（*Who Thought This Was a Good Idea?*）一書中，分享過歐巴馬的一個細節，我們可以從中看到，其實每個人都會遇到這種先入為主的揣測：

歐巴馬的幕僚長出席活動時從來不跟他坐同一輛車；工作人員叫他「歐巴馬議員」而不是直接叫他的名字「巴拉克」。這些行為，讓歐巴馬懷疑是不是自己不夠平易近人，同事們是不是對自己有很多不滿，在生自己的氣。

你看，在某些時刻，每個人都會「以為」這個世界在跟自己作對。

但和其他人不一樣的地方在於，歐巴馬決定「問出來」——他內心深處相信伙伴跟自己屬於同一個團隊，他相信他們這麼做一定有所考慮。因為有這種合作思維，他顯得

比我們更有勇氣。

當他小心翼翼地問手下人時，大家的回覆是：「因為你是參議員裡最年輕的議員，如果你手下的人都對你直呼其名，我們擔心是不是會顯得不尊重你。」

「噢，原來是這樣！」歐巴馬鬆了一口氣，同時也覺得自己之前真是多慮了。他很感激大家如此為他著想，最後他們達成了一個約定：在別的議員面前，他們叫他「歐巴馬議員」，但私底下可以叫他「巴拉克」。

超級暢銷書《終身成長》（*Mindset: The new psychology of success*）的作者卡蘿（Carol S. Dweck）分享的一個經歷更有趣。她跟丈夫剛認識幾個月的時候，她覺得一切都進展順利——她愛這個男人，覺得他就是自己的真命天子，而且她也確定這個男人也很愛自己。

然而有一天晚上，他們正在約會時，她這個理想中的丈夫忽然對她說：「我需要多一點空間。」

那個瞬間，她覺得眼前一黑，大腦一片空白，她不敢相信自己聽到的。她心想：「完了，原來是我誤解了我們之間的關係，是我理解錯了嗎？難道這段時間我只是在自作多情嗎？」

平靜了一會兒，她鼓足勇氣，問他：「你究竟是什麼意

思？」她戰戰兢兢地等著他回答，那幾秒鐘像是幾年一樣長。

結果對方說的話，讓卡蘿笑了 3 分鐘。

這位男士認真地說：「我需要你往旁邊坐一點，這樣我才能坐得下。」

不要停留在「我以為」的階段，往前走一步，去確認你的想法。對於之前心理諮商師 W 的那個案例而言，W 可以問來訪者：「我們的目標都是通過這場諮商幫到你，但是從你的回饋來看，效果似乎並不好，你遇到了什麼問題嗎？」

來訪者可能會說：「這個諮商形式不好，你沒有幫我解決問題。」也可能會說：「全程你都沒說幾句話，讓我覺得這個諮商很無效。」或者乾脆會說：「不好意思，剛才是我個人原因，我有情緒。」

不管來訪者的回答是什麼，通過提出問題，雙方就已經站回到合作的位置上，他們可以就這次提問所得到的答案繼續開展工作。

對於沒有回覆你訊息的同事，你可以問他：「你一直沒回我訊息，我有點著急，是因為我的表達讓你不舒服，還是你這邊有什麼顧慮嗎？」也許你得到的答案是：「啊，抱歉，今天一直在開會，錯過回覆訊息了。」也許你得到的答案是：「的確是這樣，我覺得你這個需求超出了我的能力範圍，所以

一直不知道怎麼回覆。」

　　不管是哪種答案，你們都在共同解決問題，在把兩個人放在「合作關係」這一點上顯然都前進了一步。

　　面對早起的婆婆──好吧，我知道跟婆婆溝通有時候比跟同事溝通更需要勇氣──如果你能保持開放的頭腦，把「如果我不吃早餐她就會生氣」這種非合作思維放下，轉為「我們都是想共同維護家庭和睦」的合作思維，你也許會多一些勇氣去問她：「媽媽，你起這麼早是為了照顧我們的健康，可能在您看來這是一種關心，但對我而言，卻有點為難。我們一起看看怎麼調整？」

　　你甚至可以就溝通本身再進行溝通：「我這樣說會不會讓您感到很委屈？我沒有怪您的意思，我只是想讓您知道我們的想法差異。」

　　你也許會疑惑，跟婆婆這樣說話，她未必能理解，有可能還會覺得你是在責怪她。是的，因為對方的大腦杏仁核也會自動反應，她的身體會緊張，她會想逃或者吵──特別是老一輩，幾十年的思維模式已經固化，很難改變。但是我們已經知道了杏仁核綁架的全過程，我們比她擁有更多的合作思維，它能幫助我們開放大腦，而不是封閉大腦。哪怕你問了、溝通了，還是被誤解，你也要堅信：憤怒感、挫敗感都

是提醒自己的信號，你需要做的是冷靜，慢下來，等待杏仁核綁架的時間過去。你知道這種狀態不會延續很長時間，等到理性的、開放的、更高層次的思維占了上風，大腦轉變為合作思維，你就會更有勇氣，再一次進行溝通。

「問出來」包括問別人和問自己，但這還不夠，要完成一個完整的閉環，還需要關鍵的第三步，即「回饋」——提問能幫助我們發現問題，回饋能幫助我們最終解決問題。

比如，諮商師會根據來訪者的回答制定更適合他的諮商方案，或者幫他分析出攻擊和指責的原因，比對他在日常生活中的固有模式。這就是回饋。

我有一位女性朋友，她跟男朋友是異地戀，大部分時間她都會主動發訊息給男朋友，但每次都要隔一兩個小時才能收到回覆，有時候會更久。這位女生在這個等待的過程中感覺很煎熬，但她具有合作思維，於是她就這個問題跟男朋友談了一次。

「每次我都得不到你的及時回覆，我對我們異地戀的現狀感到焦慮。你是怎麼看待這個問題的呢？」

她的男朋友這才意識到：「原來是這樣啊。」因為他做研究工作，經常一鑽進實驗室就什麼都顧不上了。但他也很在乎這段感情，這次溝通讓他確定了雙方在行動和想法上的差

異。之後，他們達成了一個約定，白天減少微信次數，但是每晚臨睡前都要視訊通話半小時，每個月必須見一次面。這個新約定雖然看起來減少了溝通頻率，但它反而促進了這段感情的發展，因為這個女生得到了她最想要的東西——安全感。

換頻道、問出來、給出回饋——這位女生一系列行雲流水的操作，很好地體現了合作思維的應用。

同樣的異地戀也可能是另一種結局：因為不及時回覆訊息，這個導火索會牽扯出兩人之間的猜疑、指責、爭吵、冷戰等行為，甚至導致分手。

可能到了分手那一刻，兩個人都已精疲力竭，覺得自己感受不到愛，只有委屈、怨恨。雙方都還沒弄明白到底發生了什麼，把好好的一段關係相處成這樣。

我想，大概是因為我們還不夠開放的大腦，讓對方沒有容身之地吧。

還有一個完美應對批評的案例讓我印象深刻。Axialent 的聯合創始人弗雷德・寇夫曼（Fred Kofman）所著的《清醒的企業》（*Conscious Business*）被管理大師彼得・聖吉（Peter Senge）、微軟副總裁等名人力薦。弗雷德在書裡分享了一個合作式應對批評的案例。

弗雷德當時被一個讀者劈頭蓋臉地大罵了一通，說他寫的根本不是什麼工具書，而是一本科幻小說，毫無實用性。弗雷德沒有惱怒，他回應道：「你認為它沒有實用性？嗯，我確實很擔心這一點，因為我想寫一本實用的書，一本能幫助人們提高工作效率、做出改變的書。」

對方說：「那你失敗了。」

弗雷德說：「你能舉個例子嗎？」

對方說了幾個例子。弗雷德聽完後回應道：「或許我需要修改一下措辭，因為你理解的意思並不是我原本想要表達的意思。」

這個時候，那位憤怒的讀者的態度有些不一樣了。他問：「那你的觀點是什麼？」

弗雷德解釋了一番，讀者又給了他一個不怎麼樣的回饋：「你在書裡可不是這麼說的。」

弗雷德回答道：「我知道我的措辭沒有將這些資訊傳達給你，感謝你提到這一點，我會重新檢查一下書稿，看看我能否將觀點講得更清晰一些。謝謝你的回饋。」

讀者最後說：「不客氣。」

如果說被誤解是表達者的宿命，那麼被誤解之後呢？你可以不予理睬，也可以針鋒相對，順便還能做一次網絡炒

作。當然，你也可以像弗雷德這樣不卑不亢地回應。

　　弗雷德後來在《清醒》這本書裡寫道：「面對帶有敵意的批評者，你不用針鋒相對也可以和他們進行交流。有益的支持和詢問不僅能防止你心態失衡，還能讓你獲取大量資訊。在跟這位讀者的對話中，我發現我的材料中有一部分內容的確解釋得不夠清晰。如果這位讀者無法理解這種觀點，那麼與我素未謀面的其他人也有可能遇到理解困難的情況。通過與批評者交流，透過他咄咄逼人的姿態，我可以寫出一本更優秀的著作。」

　　這種溫和而堅定的態度，在我看來，就是影響力本身。

回顧

被別人批評在所難免，但應對批評的方式卻天差地別。

非合作思維會認為，批評意味著別人在指責自己，攻擊自己，否定自己；而合作思維則認為，我們雙方都有基於合作的這個前提，才會在一起共事，溝通，對方的批評只是在參與我們的合作，是在發表自己的看法，而且對方可以幫我把工作優化得更

好，這是一件好事。

面對批評，你可以採取以下步驟：

初步：切換頻道。切換到合作頻道，先前杏仁核綁架，看到雙方的目標。

第二步：問出來。你以為的只是「你以為的」，那不是事實。

在合作思維的鼓勵下，大膽地問出你的問題。但要注意，要提問，不要指責。

第三步：回饋。就質疑得到的結果進行回饋，與對方衍生進一步的解決方案。

最後，我想提醒你的是，應對批評是非常難的，因為你的反應首先會受生理反應影響，批評會引發你大腦裡的一場戰爭，而且是有邏輯，有意識的你跟情緒化，潛意識下的你之間的戰爭。所以，如果你現在做不到，不要拒絕，因為這真的很難。而是也正是此過程的價值所在——通過練習，一次次自我賦能，直到遇見更好的自己。

應對批評最大的挑戰在於：你是否願意努力探尋真相；你是否相信，在你有限的認知之外，有更大，更廣闊的世界；你是否相信，在別人的批評中，隱

藏著建設性的建議，能幫助你變得更好；你是否相信，找到真相會讓你更幸福。

如果你的答案是肯定的，這意味著你會成為思想更加開放的人。雖然這個過程需要一次次的練習，但是你要相信，在未來，在應對不同意見的時候，你會擁有更從容的姿態和氣場，那就是屬於你的影響力。

在這個過程中，我向你保證，你會在某個瞬間擁有這樣一種體驗：

你感覺自己不再被未知的力量所左右，你感覺自己能夠控制自己的行動，掌握自己的命運。在這種罕見的事情發生的時候，你會感到強烈且深刻的愉悅，它會成為你記憶中的逐步。

這就是所謂的最優體驗。如果您獲得了，請記得告訴我。

第 9 章

提出需求有三大「坑」，
避開它們的前提是正視自己

你之所以不敢提需求，

是因為你把自己當成了商品，

你認為自己的需求會降低自己的性價比。

你沒有意識到，

對方和你是合作關係，

你們是平等的、相互需要的。

前幾天開會時，我目睹了營銷部和產品部的一次衝突：營銷部的濤氣呼呼地說：「我們的效率奇低，我去拓展市場需要一個產品宣傳冊，但直到現在也沒拿到！」產品部的君一頭霧水：「我從來沒有收到過你的這個需求！」

濤更氣了：「我給你發過微信，不信我現在翻聊天記錄出來！」兩個成年人的工作對話，變成了小朋友之間的賭氣。

我覺得這背後一定是溝通問題，於是好奇地多問了濤一句：「你是怎麼跟產品部提需求的？」他翻了半天聊天記錄，遞到我面前：

「我們竟然沒有產品手冊啊？我出去開拓市場時很需要呢。」

這真的是有影響力地提出需求的方式嗎？當然不是。

我仔細觀察過生活中各種人提需求的各種方式，發現在提需求這件事情上，我們會踩很多「坑」。我提煉總結了一下，有如下三大「坑」：第一個「坑」是抱怨式提需求，即把抱怨當作提需求。比如，你已經快撐不住了，需要老闆在業務上多支持一下，但你對老闆說的卻是：「這個業務太難了，我一個人根本做不了。大家都很忙，根本不配合我。」你以為自己提了需求，但其實老闆聽到的只是一句抱怨。在我的管理生涯中，這種情況發生的頻率遠超你想像，而且當事人通

常都意識不到。結果可想而知，除非你的老闆時時刻刻都明察秋毫、能透過現象看本質，否則，他不僅不會意識到你在提需求，還會對你形成「這個員工很喜歡抱怨」的印象。

　　第二個「坑」是曖昧式提需求，即沒有明確的主張和態度，很容易猶豫和改變。比如，你想要同事多支持自己，又擔心對方覺得自己煩、怕他認為你的能力不行，於是話到嘴邊幾次，你又咽了回去。或者，你在跟客戶談判時想爭取更好的合作條件，但遲遲不敢開口，好不容易提了一下，對方第一反應卻是拒絕。你擔心合作崩盤，於是馬上改口。這種提需求的方式不僅達不到目的，還會讓對方覺得：「看來他也是隨口提提。他這麼容易變，以後我也不用認真考慮。」

　　第三個「坑」是威脅式提需求，即讓對方在接受需求的過程中感覺到了威脅。比如，你認為自己現階段的薪資水平太低，便鼓起勇氣跟老闆提加薪，你表達的意思是如果不給你加薪，你就不會好好工作。沒有人喜歡被威脅，威脅式提需求可能會導致老闆跟你的互動關係變得很微妙。

　　以上提需求的三大「坑」，你有沒有踩過？

　　這些「坑」導致的直接結果是：你渴望實現的目標、想要得到的配合，都遲遲不能達成。你始終艱難地在原點打轉，無法前進一步，無法達成目的。簡單來說，就是你沒有

發揮出自己的影響力。

通常，我們以為有影響力意味著聲勢浩大地表現自己，而只有重大場合才是發揮影響力的時機。錯。真正有影響力的人會在生活中默默地施展自己的魅力。普通人哪有那麼多大事——我們的生活是由每天無數的小事堆砌而成的，而我們處理每件小事的方式組成了我們與他人互動的模式。

提需求也一樣，這個看上去不怎麼起眼的動作，卻是在你與他人的日常互動中最經常發生的。我們想要達成某種目的，需要協調諸多資源，需要得到很多人的配合，而這個過程往往都是靠提出需求並得到他人的支持來完成的。

而提需求並不是一件容易的事。

2008 年，在谷歌擔任網絡銷售副總裁的雪柔・桑德伯格也遇到過一模一樣的問題。儘管今天的桑德伯格已經是臉書公司的運營長，且位列《富比士》全球影響力女性排行榜第五名，可一路走來，桑德伯格沒少遇到「提需求障礙」。

桑德伯格在她所著的《挺身而進》（Lean In）一書中記述，她在谷歌工作的時候，一邊要應對激烈的職場競爭，一邊要盡早趕回家給 3 個月大的孩子餵奶。這時，她需要改變之前工作 12 小時的習慣，下午 5 點 30 分就得下班。這看上去是一個小問題，可活活把一個職場高手給難住了：她不敢

跟公司提出她要早走的需求。為了掩蓋自己早下班的事實，她想盡了各種辦法，比如，把每天的第一個會議和最後一個會議放在其他辦公區進行，好讓同事察覺不到她的上下班時間；把外套掛在座椅上，好讓同事產生錯覺，以為她還沒下班，等等。如果她實在挪不開時間，必須從辦公室直接回家的話，桑德伯格也會先潛伏在大廳，一旦觀察到停車場沒人，就馬上衝出去鑽到自己的車裡。

現在看來，我們也許會覺得好笑，這只不過是早下班而已啊，需要這麼煞費苦心嗎？但這就是世界最具影響力的女性之一的雪柔・桑德伯格曾經遇到的挑戰，她也不敢說出自己的需求。

後來，當桑德伯格準備加入臉書時，在長達一個半月的時間裡，她每周都會跟準老闆祖克柏（Mark Zuckerberg）一起吃晚餐，討論公司的使命以及未來的願景。在這個過程中，她感覺到自己非常渴望接受這份工作，但有個問題——那就是她覺得自己的薪資並沒有達到預期。

提需求的困境再一次發生：「如果我為自己爭取更高的薪資，祖克柏會不會因此不再想跟我一起工作了，最後弄巧成拙，反而讓我失去這份工作？」這是當時桑德伯格的真實想法。你能想像這是後來寫出《挺身而進》一書、推動全球女

性自我成長的桑德伯格的困境嗎？而且當時的她在谷歌公司已經做到副總裁了。

當然，這些困境都變成了日後桑德伯格理解「影響力」的素材，幫助她不斷突破自己。後面我們會講到她是怎麼突破的，但我先請你跟我一起停在這裡，思考一個更重要的問題：為什麼我們不敢提需求？

我想通過一個身邊發生的故事，跟你一起分析這背後的原因。

我曾經搭檔多年的老同事颯颯，已經做到了主管。她的困擾和桑德伯格如出一轍，主要是覺得自己目前的薪資不夠，想要加薪。她掙扎了很久，好不容易在一次會議結束後，鼓起勇氣向老闆提了一句。老闆當時的反應很冷淡，她懊惱得不行。

我問她：「你是怎麼提的？」

她說：「老闆，你看我們部門最近辦了一個這麼大的活動，公司主管也很滿意，但我真的太忙了，再這樣下去，我擔心自己會缺乏工作積極性……」

你發現了沒有，提需求的三個坑，曖昧式、抱怨式、威脅式，在一句話裡被她占盡了。

抱怨自己「太忙了」；威脅「再這樣下去，我擔心自己會

缺乏工作積極性」；曖昧就更不用說了，繞了一大圈，她還是沒明確說出自己的需求。

「那老闆是什麼反應呢？」我再追問她。

「老闆沒什麼反應，於是我就閉嘴了。」颯颯後悔死了。她覺得自己不該去提加薪，可是不提，心裡又似乎堵著什麼東西，讓她不舒服。

「為什麼你覺得提加薪很難啊？」我問她。

颯颯覺得這個問題很莫名其妙：「為什麼？這還用問嗎？老闆當然希望員工多工作少拿錢啊，給我加薪不就是增加他的成本嘛，他當然不樂意啊！」

這不是颯颯一個人的想法。

我相信，每個遇到這種情況的人，都會希望自己在這一刻擁有影響力，他們希望自己隨便說幾句話，就能讓老闆接受自己的加薪需求，而且是心甘情願、充滿愉悅地接受。

其實做到這一點並不難，但有個前提，就是我們首先要意識到，自己必須從非合作思維裡跳出來。

影響力的本質是合作思維。合作思維把合作當作所有關係的前提，認為一切互動關係都可以合作，而且只有合作才能達成目標。阻礙我們發揮影響力的最大原因，就是我們把合作當成結果，認為自己做什麼或不做什麼將會影響合作。

颯颯覺得她提了加薪，增加了老闆的成本，就會影響她跟老闆的合作，這就是非合作思維。

更具體一點，現代社會競爭如此激烈，每個人都在跟時間賽跑，每個人都想讓自己變得更加有競爭力。我們覺得內心強大就意味著一個人沒有需求——無欲則剛；而暴露自己的需求，就等於暴露了自己的弱點和軟肋。別人都可以加班加點甚至「996」[4]，但如果我需要休息，那就意味著我沒有跟別人抗衡的競爭力。於是，很多人認為要體現自己優秀的競爭力，就要隱藏自己的需求。他們認為提出需求就等於暴露自己的弱勢給別人，就是在降低自己的競爭力。

看到沒？當年的桑德伯格都會掛件衣服在椅子上，假裝自己沒有下班，她也被這種思維給影響了。她把自己的需求看成對方要付出的成本——提加薪、早下班就是增加老闆的成本。眾所周知，商業社會是追求高性價比和厭惡成本的，所以，很多人會認為：「別人需要休息，別人需要加薪，別人需要減壓，但我都不需要，這樣我就可以提高自己的性價比了。」在非合作思維的控制下，我們把自己完全當成了商品——「我得價廉物美才行」。

---

4 編者注：一種高強度工作模式，早上 9 點上班，晚上 9 點下班，並且一周工作 6 天。

你的想法會影響你的行為。

所以，你要麼恐懼，止步不前；要麼強硬，好不容易鼓起勇氣，根本顧不上什麼姿態，一股腦說完算完；要麼支支吾吾提一句，一旦被質疑就馬上退縮。

很顯然，這些都不是最得體、最有效的方式。既然看到了問題，我們就可以開始解決問題了。

我們先來想一下這個問題：「老闆為什麼要花錢聘請你來公司上班？」

「因為老闆需要我工作。」颯颯說。

這句話用合作思維重新梳理一遍是這樣的：「你在幫老闆完成一些工作、達成某一項目標、實現他自己的商業理想。他需要你，你們是合作關係。」

當我這樣說出這句話時，颯颯很驚訝。她從入職開始，就把自己放在了一個「商品」的位置上。她從來沒有意識到自己是在跟老闆合作，自己和老闆擁有平等的地位。

切記，你不是一件商品，而是一個人；你和對方有共同的目標，你們已經在合作了。合作關係意味著，你們彼此都有責任和義務去滿足對方的需求，這樣才會保證合作有效地進行下去。

記住這一點尤為重要：你們已經是合作關係了，而且你

們是平等的、互相需要的、相輔相成的合作關係。這個思維會決定你提需求的姿態。

　　姿態很重要。人和人的溝通是互相影響的——你坦蕩，對方就會被這份坦蕩影響；你還沒說話就開始緊張、開啟防御，那麼對方就會被影響，認為你心虛。

　　所以，轉化思維非常重要，它會改變我們看待需求的角度。

回顧

很多人之所以不敢提需求，是因為他們把自己當成了商品，他們沒有意識到對方和自己是合作關係：「我們是平等的、相互需要的。」

我相信，此時的你已經萌生了新的想法，準備轉變自己提需求的方式了。你不妨拿最近的一個需求試試看，看看在新的心態之下，你會有哪些不一樣的行為。

第 10 章

說對需求，
才能達成真正的合作

如果你搞不清自己的深層需求，

你就無法精準地表達出自己的需求，

那麼，你又如何讓別人配合你，

滿足你的需求呢？

想提加薪需求的颯颯問我：「我能意識到和老闆是合作關係，但我還是不知道怎麼具體表達，難道我要說『老闆，我們是在合作，我想申請加薪』，是這樣嗎？」

這種提法聽上去就很無力，讓人感覺分分鐘會被駁回，毫無影響力。要真正做好提需求這件事，我們仍然要回到合作思維上，它會給我們帶來提需求的動力，也能給我們帶來提需求的一個好方法。我把這個方法總結為「靈魂三連問」。

這三連問是需要你問問自己的，因為只有你自己能徹底想明白你的訴求是什麼，並且邏輯清晰地表達給對方，哪怕這個過程中被反駁或有爭論，也能做到有理有據。當你想清楚了，你就無懼了。

第一問是：「我的深層需求是什麼？」

注意，這裡說的是「深層需求」而不是「需求」。比如，我問颯颯在加薪這件事情上，她的深層需求是什麼時，她說：「我的需求就是加薪啊！」但這是深層需求嗎？加薪是想要的結果，但是，她為什麼想要這個結果？這個問題的答案才是深層需求。

挖掘自己的深層需求，是一個自我認知的過程。對很多人來說，這是最難的部分——我們常常搞不懂自己到底想要什麼，於是無法精準地表達自己的需求。如果自己不能理解

自己的需求，我們又怎麼能讓別人配合自己、滿足自己呢？

這就變成了一個弄不明白、講不清楚、得不到滿足的惡性循環。

那麼，如何才能找到自己的深層需求呢？有一個方法有趣又好用，叫「魔法想像」。簡單來說，就是想像你的需求已經被滿足了。

我問颯颯：「如果老闆同意了你的加薪申請，你會有什麼感受呢？」颯颯想了一會兒，才反應過來：「我會感覺自己被認同了！我會覺

得自己的工作能力和成果被老闆肯定啦！」這就是颯颯的深層需求。

我拿這個問題問了一些陷入同樣困境的朋友，她們在這個問題之下也都有了進一步的想法。之之告訴我，如果實現加薪，她就能請一個保姆，這樣就能騰出更多精力休息和工作；菜菜告訴我，如果實現加薪，她就能在婆婆面前有話語權，這樣就可以在出差忙碌的時候更加理直氣壯；兔子告訴我，如果實現加薪，她就能在看到想買的包包時隨時出手，這會讓她感到辛勤工作是在讓自己變得更幸福。

按照這個思路，我們可以延伸出其他同類問題。比如有些員工提出辭職時常常會說一些不痛不癢的原因，我一般會

反問他們：「如果你遇到了自己的理想工作，會是什麼樣子呢？」這個問題可以幫助公司了解員工最深層的渴望，也能真正反映出公司沒有想到和做到的部分。

前段時間，我們公司有一名員工提出辭職。她說自己壓力太大，處於人生迷茫期，想要停下來休息休息。她的主管想要挽留她，承諾她完成一定業績就加薪，並幫她一起分析怎樣化解壓力。主管做了很多努力，但都無果。最後我問這位員工，如果她已經遇到了理想的工作，會是什麼樣子呢？

她想了好久好久。雖然她不滿現狀，但從來沒有想過理想的生活到底是怎麼樣的。最後她說，她想要一個互相協作、團隊成員一起作戰的工作。主管這才明白，她的深層需求是得到支持——只要得到足夠的支持，剛剛提到的壓力、焦慮這些問題，她都有辦法化解。

我們都有過這種時刻：知道自己不想要什麼、不喜歡什麼，卻不知道自己真正想要什麼。如果連我們自己都不知道自己想要什麼，又憑什麼指望別人來滿足自己呢？

魔法想像可以幫助我們更好地理解自己的需求，清楚地知道自己想要什麼；它可以讓我們內心篤定、思路清晰。這樣，當我們碰到困難時，我們也能很快找到解題思路，因為身邊的人會深受感染，願意配合我們、幫助我們。

若是你知道自己要走向哪裡，那麼全世界都會為你開路。這就是影響力。

第二問是：「我的合作方是誰？」

我們的需求要依靠別人的配合才能實現，所以我們不僅要搞懂自己，還要搞懂他人。

放在通常的思維模式裡，你會覺得這有點扯：加薪哪有什麼合作方，不就是自己一個人的事情？但這本書反反復復都在幫你建立一個思維模式，那就是在任何事上，你都能找到合作方。

要得出「合作方是誰」這個答案，你首先需要樹立「利益共同體」的概念。就是除了你自己，想想誰還能在這件事上獲益——他就是你在這件事情上的利益共同體，也就是你的合作方。

我問颯颯：「如果你加薪成功，獲得了認同感，會有什麼事情發生？」

「我會更有動力去工作，我肯定會比以前更用心地工作。」

「然後呢？」

「然後我會拚盡全力去完成業績啊。」

「然後呢？誰還會受益？」

「公司。我應該能為公司賺更多錢。」

「為公司賺很多錢，還有誰也是受益者呢？」我繼續追問。

「老闆！」颯颯說出來的時候，自己都驚到了，「原來老闆是我在加薪這件事上的合作方啊！」

不要小瞧這個推導過程！當我們發現原來對方跟我們站在同一個戰壕裡時，原有的對立情緒，比如畏懼、不安、擔心被拒絕，都會逐漸消失，我們的聰明才智才會開始施展拳腳。

讓我們再回頭看看雪柔‧桑德伯格當年左躲右藏不敢讓大家知道自己提前下班的案例。有一天，她忽然意識到自己根本沒有必要這樣做，回家陪小孩是她的表面需求，而平衡家庭生活、更好地投入工作才是她的深層需求。在這件事上，公司跟她的利益點是相同的，公司也希望每個員工都能妥善地安排生活、愉悅地生活，這對工作本身一定是有益的。

我有個朋友把自己累病了，不得不辭職。我很痛心，問他為什麼不好好照顧自己，他一臉愁苦地說：「我哪敢休息啊，業績指標那麼緊！」

「可是，把自己累到病倒，完全不能工作，豈不是更加得不償失？」

「我也沒辦法啊，我總不能跟老闆說『我要休息』吧。」

　　你看，這就是「不能暴露需求，否則就是暴露弱點」的典型思維。你休息不好，每天痛苦地工作，效率不高，熱情不高，這也不是老闆想要的狀態。痛快地玩，徹底地休息，投入地工作，這恐怕是新時代公司對員工最大的需求。

　　因為我們都不是商品，我們是追求存在價值的、活生生的人。

　　後來，桑德伯格改變了做法。她大大方方地告訴團隊自己的工作時間，把需要碰面的會議都安排在白天，自己一個人就能處理的則放到晚上。有段時間，祖克柏要求大家每周一晚上召開戰略會議，這樣桑德伯格不僅沒法回家吃飯，甚至一整天都無法和孩子溝通交流。在合作思維的影響下，如果桑德伯格實在排不開時間，她就會把孩子帶到公司，結果她發現，同事們對她兒子很熱情，老闆祖克柏也不覺得有什麼問題，還親自教她兒子擊劍。

　　可見，合理地看待需求、提出需求，讓桑德伯格更好、更輕鬆鬆地兼顧到了家庭和工作。

　　第三問是：「如何說服對方滿足我的需求？」

　　有了上面的兩問，我們就能在意識層面徹底扭轉之前的非合作思維。接著，很重要的一步就是將你的需求精準地表達出來。

這就是第三問：如何說服對方滿足我的需求？

先來看一下開篇提到的桑德伯格在入職臉書公司時是怎麼提出加薪的：

「祖克柏，我明白你很想讓我來管理你的市場團隊，所以你當然希望我是個優秀的談判者。而此時此刻，我正在展示我的談判能力。」

祖克柏一直希望臉書能有更好的盈利模式，這也是他請桑德伯格來的原因。他需要桑德伯格推動市場團隊，做出更好的業績；他需要桑德伯格具備很高的談判能力，包括跟團隊談判、跟合作方談判。所以桑德伯格的這段話，基本就是衝著祖克柏的訴求來的。

她幾句話就把對方的需求、兩人的共同利益說得清清楚楚。最終的結果是：祖克柏在第二天就回了電話，他們把合約從 4 年延期到了 5 年，桑德伯格還成了公司的股東。

桑德伯格後來在《挺身而進》這本書裡寫道，那次提需求不僅沒有損害他們的關係，反而通過彌合分歧，讓他們的利益有了更長遠的關聯。

既達到了自己的需求預期，又促進了合作關係，這不就

是我們提需求時想要的最好結果嗎？那麼，我們怎麼樣才能做到和桑德伯格一樣，精準地表達自己的需求呢？

我總結了一個通用的提需求句式，它可以讓我們的精準表達更有力量。

這個提需求句式由三部分組成：

1. 你（合作方）想要什麼？（看到並肯定對方的需求。）

2. 我們共同的目標是什麼？（找到利益共同點，越具體越好，讓對方看到你實現這個目標的可能性和不可替代性。）

3. 我的需求（深層需求）是什麼？我的需求如何幫助我們雙方更好地達到共同目標？

我們一起套入加薪這個需求，來實踐一下。

「我理解老闆希望我們都能不遺餘力地完成今年的任務，我也是，這是我們的共同目標——為公司創造更大價值，讓公司成為行業的領頭羊。今年，我希望跟團隊一起完成 1000 萬的任務，這是我做的詳細方案。」

「我希望能得到公司更多的認可，加薪會讓我感覺到被肯定，也能激發我更大的工作動力。」

在這之後，你們可以就你如何達成目標進行更深入的探討。

颯颯在我的建議下，用這種方式提出了自己的需求。她的老闆並沒有馬上滿足她上調月薪的要求，而是跟她一起商量了一個新的方案，確認按照季度完成度增加提成。颯颯很高興，不只因為她的需求在一定程度上被滿足了，而且因為在整個談判過程中，她第一次意識到原來自己跟老闆真的是平等的，他們真的是在合作。當他們兩個人心平氣和地就加薪方案進行探討時，她已經感受到了被認可。

她告訴我，生平第一次，她覺得自己是一個有影響力的人。

回顧

非合作思維認為自己的需求是別人的成本，會降低自己在這個充滿競爭的社會裡的競爭力。我們要培養的是與之相反的合作思維。合作思維認為，我們和對方有平等的地位，我們的需求也是同等重要的，需要被滿足，並且可以大膽提出來。

我總結提出了需求的「靈魂三連問」。

第一問是：「我的深層需求是什麼？」注意，是**深層需求**。

第二問是：「我的合作方是誰？」這裡引入了一個「利益共同體」的概念，能幫助大家更好地尋找合作方，由此找到合作方的需求是什麼。

第三問是：「如何說服對方滿足我的需求？」這一步，我分享了一個精準表達需求的公式──「你（合作方）想要什麼＋我們共同的目標是什麼＋我的需求（深層需求）是什麼＋我的需求如何幫助我們雙方更好地達到共同目標」。

啟動合作思維、敢於提需求、學會提需求──這是我們生活中時時刻刻都需要的能力。

你要了解自己、看到自己、說出自己的需求，並得到滿足；同時，與你身邊的人互相成就，更好地合作。

第 11 章

如何提出批評，
但又能讓人舒服地接受

權力思維會讓你覺得被批評的對象要麼低你一等，

要麼高不可攀。

其實，批評可以很巧妙，

你可以同時表現出百分之百的坦誠與百分之百的尊重，

讓對方接受你的意見。

如何提出批評，又能讓人舒服地接受？這恐怕也是衡量影響力的一個參考依據。

人和人的大腦千差萬別，每個人從小到大的經歷也大相徑庭，這都導致了我們思維模式的不同，在同一件事情上會持不同的意見。所以，不同的人有不同的看法，我們難免遇到反駁別人的情況，這在日常人際互動中實在太正常了。這種情況下如何提出反對意見、發表批評意見，又不致傷害到彼此的感情、破壞兩人的關係，這一點非常重要。

這也是一個人展現影響力的關鍵時刻——處理得好，大家就能皆大歡喜，既讓事情的走向按照理想的方向發展，又維護了你和對方的關係。

但對很多人來說，批評別人可不是件容易的事情——我們要麼不敢批評，要麼暴力批評，一批評就把事情談崩了。

先說「不敢批評」。凱瑞・派特森（Kerry Patterson）在《關鍵對話》（*Crucial Conversations*）這本書裡寫過兩個典型的案例。

第一個例子是，派特森等人在調查了 7000 多名醫生和護士後發現，84% 的人表示，他們經常看到有些同事在工作中為了圖省事而違反安全操作的規定，比如不戴手套和口罩，或者不穿防感染的手術服——這可是事關人命的，病人一不

小心遭到感染就會有大麻煩。但讓人驚訝的是，在這 7000 人中，有 84% 的人不敢當場指出同事的錯誤。

《關鍵對話》裡還提到了一個更誇張的例子。一位女士到醫院做扁桃體切除手術，結果手術小組竟然截掉了她的腳趾。後來醫院調查這起事故，才發現在一環環的檢查中，至少有 7 個工作人員對治療過程產生過懷疑：他們不明白為什麼要對患者的腳趾進行手術，但全程沒有一個人主動提出自己的疑慮。

醫院中的「不敢批評」事關人命，企業中的「不敢批評」帶來的損害也不小。在《用事實說話》（*Truth at Work*）這本書中，作者馬克・墨菲（Mark Murphy）提到過一項調查——在調查了近 1 萬名員工後，90% 的人說他們在發現同事有不當行為時，都曾回避批評同事，即使他們知道客戶或組織會因此遭受損失。

這項隱秘的調查結果讓人驚訝：明明看到前面有「坑」，我們為什麼不提出來讓公司躲避過去，以減少損失？由此可見，對很多人來說，張口批評真的特別難。

你有沒有經歷過這種情況——哪怕你心裡的不滿和懷疑已經很明確了，但就是張不開嘴？

除了不敢批評，還有一個「坑」叫作「無效批評」——你

發表了批評，但對方並不買賬。這種情況也很多。

比如，你跟伴侶說：「你不要一回家就癱倒在沙發看手機打遊戲，行嗎？你這樣也太不上進了！」你說了幾百次也沒什麼用，本來你只是想簡單地發表一些不同意見，結果這件事變成了你們的雷區，一碰就炸，大吵不止。

公司裡也常有這種情況，開會討論時，一位同事對另一位同事提出了質疑，前者馬上反駁，兩人一來二去就演變成了爭執。旁邊參會的同事不禁面面相覷：「好浪費時間啊，他們在吵什麼？」

我們之所以會陷入這樣的困境，是因為發表批評意見很容易引發對方不快。若是在肚子裡憋著批評的話，說，會破壞關係；不說，則會違背原則。

然而，批評真的總會引發衝突和負面情緒嗎？

請你努力地回想一下，你有沒有這樣的經歷，哪怕一次也好：在你和別人交流的時候，盡管你不贊成對方的觀點，或者有人提出了反對你的意見，你並沒有產生抵觸情緒；相反，你能認真地傾聽他們說的話，考慮他們的看法，接受他們的影響。

艾麗莎・馬斯特羅莫納科在《柔軟的力量》裡記錄了一次讓她心服口服的批評。

當時，歐巴馬連任總統的競選剛剛獲得成功，《紐約時報》刊登了一篇有關白宮工作人員的報導，其中描述了艾麗莎的工作範疇：

「從歐巴馬 6 年前首次宣布總統競選以來，年僅 36 歲的艾麗莎・馬斯特羅莫納科一直負責歐巴馬的行程安排和後勤工作。她將繼續擔任副幕僚長，負責團隊運作，監管行程安排、人事等工作。」

這篇報導讓艾麗莎火冒三丈。她不知道是哪個同事對記者這樣描述她的工作，但她對這種處理「行程安排和後勤」的說法很敏感——這些詞把她的工作說得就像是旅遊代理一樣輕鬆！

大家都知道，幕僚長是白宮很重要的角色，是美國總統辦事機構的最高級別官員。白宮幕僚長是一個擁有很大權力的職位，任職者常被稱為「華盛頓第二最具權力的人」。

事實上，艾麗莎無愧於這份重任，她為歐巴馬的連任競選做出了巨大的貢獻。在歐巴馬巡迴演說的時候，颶風「桑迪」登陸了美國人口最密集的東海岸，形勢嚴峻，但歐巴馬還在外競選，於是艾麗莎就留在華盛頓主持大局。

要知道，當自然災害發生的時候，人們對政府的失誤是零容忍的——如果政府部門沒能高效地實施災後重建的工作，歐巴馬連任的可能性就會化為泡影。

事態嚴重。

於是，艾麗莎坐著軍隊的越野車上班，追蹤暴風的進展，與各地方機構全面溝通，拍公益廣告，處理倒閉的加油站和停運的列車……短短的幾天時間裡，她就把自己變成了交通基礎設施和燃油方面的半個專家。

她出色地完成了這些重大而困難的任務，累得要命，甚至沒力氣去參加總統連任成功的慶祝晚宴。但是，這些工作剛結束沒多久，《紐約時報》的報導就刊出了，說她的工作是負責「行程安排和後勤」。艾麗莎真的氣炸了！她給所有同事發了一封措辭尖銳的郵件，她說：「不論是誰，我要讓那個跟記者說話的人感到羞愧！」

歐巴馬此時該怎麼做呢？重要的下屬剛剛立下大功，但她的工作在美國最權威的報紙上被貶低了，她還發出了那樣一封看上去不怎麼理智的郵件。

如果這時候歐巴馬對她說：「你太莽撞了！你這麼做損害了我們的形象、破壞團隊氛圍！」那很明顯會火上澆油，因為艾麗莎最討厭的就是受委屈——這是無效的「暴力批評」。

或者，這麼棘手的情況，要不就讓它過去吧，當作沒發生，反正颶風也過去了，歐巴馬也順利連任了——但這又是「不敢批評」，畢竟，艾麗莎的做法並不妥當。

事實是，歐巴馬把艾麗莎叫到他的辦公室，開誠布公地說：「是這樣，我聽說你發了封郵件。」

「終於要跟我說這件事了！」艾麗莎心想，「是誰告的密？等我找到這個人，再發封郵件讓他知道我的厲害！……但總統會怎麼說呢？他會說我太衝動了，還是我失態了？」

她警惕地看向歐巴馬。

結果，歐巴馬的第一句話，既不是指責，也不是忠告。他說的是：「艾麗莎，你需要意識到你話語的影響力。」

這是非常厲害的一句話。歐巴馬姿態平等、態度堅定地對她說：「你需要意識到你話語的影響力。」

後來艾麗莎在她的書裡說，她對這次批評心服口服。她寫道：「我要想想自己的行為會對所有相關人員產生什麼樣的影響！」這是一句適用於任何人的批評。因為這句「不是批評的批評」，她意識到自己要對「精神狀態有所警醒」，她開始在內心深處反省自己的脾氣和耐心。

歐巴馬的這一句話，既達到了批評的效果，又維護了兩人的關係，堪稱教科書級的批評。

你看，批評也可以很巧妙，讓對方樂於接受，我們在批評時可以同時表現出百分之百的坦誠和百分之百的尊重。

但是，為什麼我們常常做不到呢？要麼不敢批評，要麼無效批評？我們為什麼總覺得「維持關係」和「保持原則」只能二選一呢？這是因為我們經常會陷入「權力思維」之中，覺得被批評的對象低自己一等。

要講明白這個原理，得先來看暴力批評裡的「權力不對等」。

回想一下，你在工作中有沒有這種情況：同事對業務不熟練，事情沒做好，你一下就煩了，脫口而出：「你在幹什麼？有沒有搞錯啊？這種錯誤也會犯！」

影視劇裡氣場十足的職場精英形象一般都是這樣的──女主管把方案往桌子上一拍：「做了這麼久就做出這種東西嗎？拿回去重新改！」一旁的職場小白瑟瑟發抖。

在這類批評背後，我們沒意識到的潛台詞是：「這個人好沒用，很差勁！這個人性價比太低了！」你發現了嗎？在這種時候，我們把周圍的人當作配合我們完成目標的工具──工具壞了或者不好用，我們就要撸起袖子來修理一頓。

你可能不願意承認，也可能意識不到，但在這種心態下的批評，一定帶著指責和嫌棄。這些情緒不僅會體現在你的

語言裡，而且會在你的語氣、神態，以及肢體動作中流露出來。

人的自尊心就像敏感的觸角，會敏銳地接收甚至放大這些負面信號。在《關鍵對話》中，作者凱瑞・派特森說，人們不會因為你表達的內容感到氣憤，他們之所以表現出抵觸情緒是因為在對話中失去了安全感。

坐在你對面的那個人因為不安而產生防御。他會找借口，比如，「我不能完成這項工作，因為沒有人配合我，太難了……」他會推卸責任，比如，「這不關我的事，這些是別人該承擔的工作……」他也可能變得具有攻擊性，比如，「你連自己的事情都沒有做好，憑什麼對我們指手畫腳？」

還有一種防御：他開始沉默，坐在那裡不言不語，像一堵牆一樣，不配合談話。

互動關係是雙向的：你的批評會激發對方的防御，對方的注意力也會從解決問題轉移到維護自尊上。

在這種情況下，你還怎麼指望和對方高效溝通、一起解決問題呢？因為你心裡有了權力高低之分，認為自己比別人高一等，發出的批評是自上而下的，就會產生這種暴力批評。

同樣，如果你自認為是權力的另外一端，是低的那一端，你就會出現權力思維的另外一種情況：不敢批評。

面對家裡的老人、公司的權威、重要的客戶，你覺得對方位高權重，生怕自己一不小心觸犯了對方，被痛罵一頓。

這時很多人就想：「算了算了，多一事不如少一事。」於是，我們才會看到開篇的案例：醫生看起來不怎麼守規矩，但護士們都一聲不吭。你看到這裡也許要反駁：「不對，有時候我不敢批評，是因為我想保護對方的自尊心。在這種情況下，我不是陷入權力思維了吧？」

怎麼會不是呢？這種小心翼翼的心態，難道不正是權力思維嗎？想保護對方，是因為你覺得對方弱、不堪一擊，本質上你還是認為在權力這個層級上，他比你低一級。

很多新上任的主管都不怎麼會批評別人，他們常見的內心活動是：「他會不會受傷啊？我好歹是主管，他要是被我批評了，會很受打擊吧？」每次聽到這種回饋，我都會告訴這些主管：「你別這麼自戀，也別這樣小看人家！」

因為當你這麼想的時候，很容易就會掉進「弱化問題」的陷阱──本來應該坦誠告訴對方的事情，結果說得不清不楚，對方一有什麼反彈，你立即就退縮了。不明就裡的人還以為你是那位被批評的員工，而對面坐著的是老闆呢。

分析到這裡，你是不是有些困惑？一會兒說你因為權力思維會發表暴力批評，引發對方防禦；一會兒又說你因為權

力思維會覺得對方弱，不敢批評，結果很多問題都被弱化了，沒辦法引起對方的重視。

作為要提出批評的人，強也不是，弱也不是，那到底該怎麼辦？

這裡的關鍵問題是：提出批評，就只能非強即弱嗎？真的只有這兩種選項嗎？

當然不是，還有第三種批評方式。之前，歐巴馬教科書級別的案例已經給我們樹立了很好的榜樣，他對艾麗莎的那段批評態度明確，姿態不強硬也不軟弱，擲地有聲，效果也很好，簡直就是影響力的完美展現。

他說的那句「你需要注意你話語的影響力」，聽上去甚至都不是我們傳統意義上的批評，但那句話的效果好極了。

這種不強也不弱、不像批評的批評，你做得到嗎？

當然可以，但首先，我們要回到影響力的核心思維——合作思維上。

回顧

我們之所以總是處理不好批評的尺度和方式，是因為我們經常會陷入一種「權力思維」，覺得被批評的對像要麼低我們一等，要麼只能讓我們仰望。只有認識到雙方是平等的，才能讓批評者逃開非強即弱的困境。

請想一下，你最近遇到了什麼批評難題？如果用合作思維，你是否能提出一個「歐巴馬式」的完美批評呢？

第 12 章

合作式批評：
因人而異，
採取不同的回饋方式

當你進入合作思維時，

就會從提出批評意見轉變為回饋。

你不再把批評當作攻擊或傷害，

你的眼裡只有平等的回饋和共同的目標；

而給出對方具體可操作的正面回饋，

則是提高溝通效率的關鍵。

上一章，我們分析了在權力思維下，批評這個動作常常會變調，要麼變成暴力攻擊，要麼變成不敢批評。

那麼，是否存在一種完美的批評，讓對方在樂於接受的同時，自己也能達到目的？

當然存在。而擁有這種批評能力的前提，仍然是「合作思維」。

當你覺得對方簡直錯得離譜時，可以啟動合作思維、轉念一想──「她也是為了做成事情。那為什麼她會這樣做呢？」好奇心會帶領你往前走，走向真實的原因，這時談話就能很快進入探討解決方案的步驟上，而非僅僅停留在推卸責任或者指責對方。

作為管理者，有時候面對年輕的下屬，我會覺得對方柔柔弱弱，而且是一個新人。我在猶豫要不要批評她時，會轉念一想：「我們是平等的合作關係，她坐在我對面，是因為我們要共同完成一些使命；她掉進誤區，我一定要指出來，這才是對這次合作關係負責任的態度。」

或許你已經發現了，當我們進入合作思維之後，「批評」這個概念都不存在了，我們完成了一個對批評「脫敏」的過程。

我們自然而然地從提出批評意見，變成了給出回饋。

　　這是合作思維對批評這件事帶來的最大影響——批評，變成了回饋。

　　在《網飛文化手冊》中，網飛公司特別強調，「絕對坦誠的回饋會帶來價值」。

　　很多員工會跑到管理者那裡抱怨，事無巨細地批評那些惹惱他們的人。但網飛的管理者都會問他們：「當你把這些感受告訴當事人的時候，他怎麼說？」抱怨的員工通常會說：「我沒法把這些話告訴他！」管理者就會反問：「但是你告訴我了，不是嗎？」

　　管理者說這句話是想幫助員工意識到，在背後說人壞話是不對的。然後，他們會建議員工用不帶情緒、描述事實的方式，把剛才的意見再表達一遍。

　　在網飛的文化裡，沒有什麼問題是不能當面聊的，他們把一切批評和抱怨都稱為「溝通」。

　　這個轉變非常非常重要。前幾天我問一個員工，為什麼當天的產品推廣文章效果那麼差，她支支吾吾不肯說，我追問幾句，她說：「這件事我關上門說吧。」原來，她是想表達對配合她的同事的不滿，但她從來沒有跟當事人聊過。

　　我以前遇到過一個 HR，做員工談話時，他收到了員工對某位主管的負面評價。他跑到我辦公室跟我說這事，我問了

他兩個問題：「第一，你有沒有鼓勵員工直接跟自己的主管表達？第二，你有沒有直接跟這位主管轉達員工的評價？」HR一副「我才不做這種事」的表情，後來我把他勸退了。

這種「不想、不敢、不願意」提出批評的情況太常見了。

那麼，這種情況什麼時候會改變呢？只有當我們不再把批評當成攻擊或者傷害時，我們的心態才會變得坦蕩，同事之間也沒有高下之分，只有平等的回饋和共同的目標。

到這裡，我們看到了一個思維轉化的過程。這個轉化的過程很重要，在這個過程中，我們把難以應對的批評，轉化成了一個詞，即「回饋」。

這裡有三種回饋的方式分享給你：事實式回饋、求助式回饋，以及關懷式回饋。這三種都是比較好的回饋形式，多練習，把它變成習慣，我們就會在提出批評這件事上變得更加高效得體。

第一種回饋叫作事實式回饋，它的核心理念是「放下評判，用事實說話」。

用事實說話的第一步，是區分觀察和評論。

觀察反映的是客觀事實，而評論常常涉及負面看法。舉幾個例子：

「A 是個不守時的員工。」——這是評論。

「A 在上周遲到了 4 次。」——這是觀察。

「你很少配合我。」——這是評論。

「我最近辦了 3 次活動，每次你都說沒時間參加。」——
這是觀察。

「我丈夫不顧家。」——這是評論。

「我丈夫上周有 5 天沒有在晚上 10 點之前回家。」——這
是觀察。

魯思・貝本梅爾（Ruth Bebermeyer）寫過一首詩，叫作
〈我從未見過懶惰的人〉（I've never seen a lazy man），很貼切
地反映了觀察和評論的區別。其中有幾句是這樣的：

我從未見過懶惰的人

我見過

有個人有時在下午睡覺

在雨天不出門

……

我從未見過愚蠢的孩子

我見過

有個孩子有時做的事

讓我不理解

或不按我的吩咐做事

……

　　觀察比評論更能準確地傳遞資訊，並且更不容易引發對方的防禦。印度哲學家克里希那穆提甚至說：「不帶評論的觀察是人類智力的最高形式。」

　　我曾經在跟兒子小核桃的一次溝通中，感受到過「觀察」的力量。那時候小核桃還很小，剛剛學會算數，我們常常互相出題玩。有一天我在開車，隨口問了小核桃一句：「1+3 等於幾啊？」他說：「1+3 等於 8。」「啊呀，真笨，你亂說！」──這句話幾乎就要說出口，我忽然心思一動，問他：「為什麼等於 8 啊？」

　　「在電子表上，1 和 3 拼在一起，就是 8 呀！」他特別高興地說，像是發現了什麼不得了的事。

　　我這才反應過來。真的，電子表的數字線條不是圓潤的，是有稜有角、拼在一起的，1 和 3 疊在一起看上去真的就是 8。

　　我很慶幸自己保護了孩子天馬行空的想像力，也很慶幸

孩子讓我發現了一個新視角。

不帶評論的觀察，總是抱有一顆好奇心，會給我們帶來很多驚喜。

《網飛文化手冊》裡還提到一個細節：他們鼓勵員工在所有的互動中，用事實說話。比如，當銷售人員憤怒地衝到工程師面前時，他們不能說：「你必須搞定這該死的緩衝時間問題！」他們應該說：「你能幫我分析一下，為什麼緩衝要花這麼長時間嗎？」

網飛公司認為：「帶著好奇的心態，以探究事實為目的去溝通，才能在雙方之間建立起一座牢固的理解之橋。」

每次開口之前，你都可以想像自己的腦袋裡面有一盞燈亮起：「哎，我是評論，還是觀察？」反復提醒自己，以後它就會變成你下意識的動作。

事實式回饋的第二步是提出具體的需求。你要在指出別人的「錯誤」後，接著提出怎樣做是「正確」。

《非暴力溝通》的作者馬歇爾‧盧森堡在書中曾提到這樣一次經歷。在越戰期間，他被邀請去參加電視辯論。晚上他回到家看錄像帶，發現自己的辯論方式特別失敗。他告誡自己，下次辯論時絕不能這麼被動。此時的他只是提醒自己要避免什麼，但他沒有提醒自己需要主動做些什麼。一周後，

他被邀請繼續上一次的辯論。去演播室的路上，他一直在提醒自己不要犯同樣的錯誤。節目一開始，對手就按上周的方式展開了辯論。在對手結束講話後，大概有 10 秒，他努力控制自己不要按原來的方式進行回應。結果，他一開口辯論，就發現自己回應對手的方式和上次一模一樣。

這個事例很直觀地反映出，只是「指出問題」還遠遠不夠，我們都擁有屬於自己的行為模式，而且比我們想像的更頑固。

在生活中我們也常常遇到這種情況。網絡上有一個段子被瘋傳，妻子對丈夫說：「客人馬上要來了，家裡還一團糟！你不要坐在那裡玩手機了！」然後丈夫就把手機放下，坐在沙發上發呆。網友們紛紛留言說：

「哎呀，我丈夫也是這樣的，你不跟他說清楚，他就什麼也不會做。」

玩笑歸玩笑，但給出具體可操作的正面回饋才能提高溝通效率，這一點毋庸置疑。更高效的說法是：「客人要來了，你去買點蔬菜和水果好嗎？」而不是說：「你別玩手機了！」

正如 18 世紀著名的評論家約瑟夫・艾迪生（Joseph Addison）所說：「真正懂得批評的人看重的是『正確』而不是『錯誤』。」

《非暴力溝通》裡還提到過這樣一個案例：

一對夫妻因為長久的爭吵而去做婚姻諮商。妻子抱怨丈夫：「你沒有讓我成為我自己！」

這是一個很典型的指責型批評，自然引發了丈夫的防禦。丈夫反駁道：「我沒有嗎？」

妻子說：「你當然沒有！」

丈夫反問：「你到底想要什麼？」妻子說：「我希望你給我自由！」

看上去妻子已經給出了正回饋，但是這樣的需求依然太過抽象，不具有操作性。在諮商師的追問下，這位妻子終於意識到了她想要什麼。她說：「準確地說，我希望，不論我做什麼——為自己買什麼衣服，或者報什麼培訓班，你都能支持我。」

很明顯，相比「給我自由」，這才是一個更為具體、可實操的需求。提出具體的需求，不代表對方一定會滿足你。但它會幫助我們就這個需求進行進一步討論，而非一直就一個「雲端」話題進行爭辯。

事實式回饋最大的好處之一，就是它營造了具體、透明的氛圍。在這類回饋中，沒有人會因為口才好而獲勝，所有人的聚焦點都在事實上。這是最高效的回饋。

　　除了事實式回饋之外，我們還有很多提出回饋的方法，比如求助式回饋和關懷式回饋。

　　在求助式回饋中，我們通過求助提出批評。當然，這個批評是帶引號的。比如，當同事沒有控制好時間點，耽誤了業務整體進度的時候，你可以對他說：「按照計劃，我們已經落後了 3 天，我感到很焦慮，讓我們來看看可以做些什麼吧。」

　　這裡的關鍵點是：「我們仍然是平等關係，我在表達我的感受，而不是對你的指責和攻擊。我請你跟我一起想辦法。」這種表達方式會讓對方感到被尊重以及有價值感。誰都希望自己有價值——可以幫助自己的隊友消解焦慮，就是價值感的一部分。

　　還有一種回饋方式叫作「關懷式回饋」，它不僅能指出問題，還能激勵對方主動解決問題。

　　西蒙・斯涅克（Simon Sinek）是一位優秀的演講家和諮商顧問，他的 TED 演講點擊率已超過 4770 萬次。之所以提到他，是因為在「關懷式回饋」這個話題上，他也發表過深刻的見解。

　　你的下屬走進你的辦公室，他已經 3 個月都沒有完成目

標了，你要怎麼跟他回饋這件事？

　　第一種做法是，對他說：「你的銷售額已經連續 3 個月下滑了，你必須把業績提上去，否則我不敢確保你的未來是怎樣的。」

　　聽著耳熟嗎？我觀察到的很多管理者是習慣這樣表達的。他們會說：「如果你再達不到業績，就要走人！」

　　你認為收到這樣回饋的員工，第二天上班時會躊躇滿志嗎？

　　但是，你還可以這樣說：「你的銷售額已經連續 3 個月下滑，一切還好嗎？我很擔心你，發生了什麼事嗎？」

　　這是西蒙給我們的建議。

　　我們都經歷過低潮期，生活中充滿著各種困難，可能是家裡小孩生病了，可能是婚姻上出現了問題，可能是年邁的父母病情嚴重。每個人的生活都面臨著各種挑戰，我們並不知道別人的全部，也許這些因素都會影響他們在工作中的表現。在關懷式回饋中，我們關心的是對面這個真實的人，而不僅是他的業績。

　　前段時間，有個朋友找我聊天，他從原公司的高層位置離職出來創業。我很好奇他為什麼會走，因為他非常能幹，

曾是原公司最有希望的接班人。他跟我說，那段時間他業績不太好，也跟大家在開會時坦誠地交代了，說自己有些生活上的事情影響了工作狀態。結果他的老闆說：

「我根本不在乎你的私事，公司只看你的業績。」

這句話讓他動了離職的念頭。留不住心，也就留不住人。

全球最大、最成功的直銷企業之一——玫琳凱公司（Mary Kay）就有「以人為本」的企業文化，其業務遍布五大洲，覆蓋超過 35 個國家和地區，在全球擁有 300 萬名員工。它的創始人兼董事長玫琳凱·艾施在《玫琳凱談人的管理》（*Mary Kay on people management*）一書中寫道：「P 和 L 不只是利潤（profit）和虧損（loss），更是指人（people）和愛（love）。」

在書中，玫琳凱分享了許多巧妙給出回饋的案例。在玫琳凱公司，曾經有一個優秀的美容顧問瑪格麗特，她以前的業績非常好。但不知道為什麼，有段時間她的工作熱情減退了，甚至拒絕參加銷售會議。

玫琳凱女士是如何解決這個問題，改變這位員工的行為的呢？她打電話給瑪格麗特的上司，說瑪格麗特最近的最大困難似乎是在「應對預定業務」上，並問他能否讓瑪格麗特在下次的銷售會議上承擔一個重要的角色——主持討論這個

話題。

「或許瑪格麗特可以指導別的同事，用最好的方式發起和跟進產品預定。」玫琳凱說。

在銷售會議的當晚，主管邀請瑪格麗特回顧並分析了她過去在預定工作中的所有成功經歷。在那次會議上，瑪格麗特成功地啟發了所有人，更重要的是，通過分享，她找到了自己最近在預定業務上的問題，並重拾信心。她相信，她可以再次獲得成功。

玫琳凱總結說：「當你發現有人做得不好時，換位思考一下，然後想辦法和他一起解決問題。如此一來，你就不會成為一個嚴厲的批評者；相反，你會成為一個良友，對方也會覺得他擁有了一個和他共同解決問題的盟友。當你們建立這種關係後，你的『新朋友』不僅會特別感激，而且會竭盡全力，不讓你感到失望。」

不論是西蒙還是玫琳凱，他們都把批評對象當成了自己的合作伙伴，真誠地關心對方，和對方站在同一戰線上，共同解決問題。

只有我們彼此支持，我們才不會孤獨。

但我要特別提醒一點，並非所有人都適合於求助式或關懷式回饋。這兩個案例裡的主角都是曾經有過輝煌戰績的

人，這一點很重要。在企業管理中，選人比培養人還重要。選對了人，才會有後面的這些互動。

管理是一門關於人的藝術，你需要了解對方的特性，對不同的人採取不同的回饋方式。

回顧

這一章我們提到了三種回饋方式：事實式回饋、求助式回饋和關懷式回饋。實際上，回饋的方式有很多種，這三種只是其中一部分，並不是百試百靈的標準答案。或許有的時候，你實在控制不住脾氣，會升高音量、大喊大叫——那也沒關係，我們不是聖人，我們也會犯錯。但你必須記住一個原則：你和對方是合作的關係，你的批評和回饋是為了幫助你們把事情做得更好，而不是為了單純地發洩情緒或者傷害對方。這麼想的話，哪怕是發了脾氣，你也會在事後有勇氣站到他面前，看著他的眼睛向他道歉，邀請他復盤整個事情的過程——也許因為這次衝突，你們之間有了更深的聯結也說不定。

我欣賞的投資人瑞‧達利歐（Raymond Dalio）是全

球頭號對沖基金公司——橋水的創始人，他在《原則》（*Principles*）一書中寫道：「我們之間越是互相關愛，對彼此的要求就越嚴格，業績也就越好，我們能分享的獎賞也就越多。這是一個自我增強型的循環」。

可見，合作式批評不是迴避，不是做老好人，不是對錯誤置若罔聞，而是一門更好地表達不同意見並讓他人樂於接受的藝術。

希望你在這個過程中，達成目標，獲得並肩作戰的伙伴。

第 13 章

精準表達：
金字塔溝通法，
幫你說對話，
每天節約 2 小時

糟糕表達只關注「發生了什麼」，

精準表達則會死死咬住「我要和你實現什麼」。

在準確描述事實的同時，

你所說的每句話對所有聽眾（觀眾）都應具有重要性，

要有「讓對方願意聽完整個故事」的基本目標。

我們每天睜開眼就開始溝通——跟家人、跟同事、跟客戶、跟老闆、跟朋友。這看上去只是很日常、很普通的人際交往，對嗎？但是不同的溝通，差別也是巨大的。

開會時，有些人三五句話就能把所有人的注意力牢牢抓住——大家都喜歡跟這樣的同事一起工作，因為溝通成本低。但另外一些人一開口，大家就默默拿起手機開始回微信、刷朋友圈，做自己的事。大家客氣一點的回饋是：「不好意思我沒聽懂。」粗暴一點的回饋是：「你到底在說什麼啊？毫無邏輯！」

這其中的差別，就在於這個人是否做到了「精準表達」。什麼是精準表達？我先舉個例子。

好萊塢喜劇片女王、電影《西雅圖夜未眠》的編劇諾拉・艾芙隆（Nora Ephron）是美國非常著名的編劇和製作人，曾被多次提名奧斯卡金像獎。諾拉最早的職業是記者，她曾說自己之所以能夠成為記者，全要歸功於她的高中新聞課老師。

她第一次上新聞課時，老師給出了一則事件，要大家為它擬一個導語。這是新聞寫作很常規的一次練習。新聞裡的導語很重要，是一篇文章能否吸引人的決勝點，因為寫作者根本不知道讀者會給這段導語多久的閱讀時間，可能有 5 分

鐘，也可能只有 3 秒。所以，每個新聞記者都要訓練自己，把導語寫得精簡明了，點明全文最重要的資訊。一個好的導語會讓我們在最短時間獲得最想要的資訊，而且還會讓我們有繼續讀下去的欲望。

這也是我們與他人交流時，最希望達到的效果。

諾拉那天的作業是這樣的：比佛利高中通知，全體教職員工於下周四前往沙加緬度參加一個教學方法研討會。與會發言者包括人類學家瑪格麗特・米德、芝加哥大學校長兼教育學家羅伯特・梅納德・赫欽斯以及加州州長埃德蒙・布朗。

現在停下來，用一分鐘時間想一想，如果是你，你會怎麼寫這個事件的導語？

回到那間正在上新聞課的高中教室，諾拉和同學們給出的導語大多這樣的：「某人將於下周四前往某地向某高中全體教職工發表講話。」

看上去已經比較精簡了，對不對？你猜，諾拉的新聞課老師給出的導語又是什麼？

只有六個字：「下周四不上課」。

很多年以後，諾拉還能清晰地回憶起當時的感受，她說那簡直是讓人屏息的一刻。她盯著這六個字，忽然理解了新聞是什麼、新聞導語是什麼。

而這個例子讓我知道了，精準表達是什麼。

我給精準表達的定義是：準確描述事實的同時，表達出的每句話對看的人、聽的人都有重要性。就是說，每一句話對大家來說都有意義、都有關係。

「下周四不上課」這簡短的幾個字，就是學生最看重和最需要的資訊，即使他們不看後面的內容也沒關係，因為這六個字絕對比任何其他資訊都更吸引學生，讓他們更有興趣往下看。

新聞如此，日常表達、職場溝通也是如此。

我印象最深的一次關於精準表達的事例，來自一個剛入職的同事 K。當時我準備招聘一個產品經理，因為 K 做過產品經理，所以我請她幫我復試一下，把把關。結束之後，K 給了我一個面試記錄，超出了我的預期。

一般我收到的面試記錄，就是如實還原面試現場，把面試雙方的溝通情況簡單記錄了下來。好一點的情況呢，是在這個基礎上給一些簡單的評價。K 給我的面試記錄，開頭第一句話是：「結論：1~5 分的話，我能給 4.5 分。」然後她用了三段文字，從邏輯能力、抗壓、產品經理方法論三個方面，分析了為什麼她給這位面試者打了 4.5 分。

在這份記錄的第二部分裡，她記錄了這次溝通的主要目

的，分為「道」和「術」兩個方面，從產品經理的崗位理解和工作方法論兩個維度記錄了面試過程；第三部分簡要還原了關鍵問題的問答記錄。

為什麼我會覺得她的記錄超出了預期？因為 K 觀照到了我作為決策人最想看到的內容。在還原事實的同時，她從一開頭就給了我結論、建議，以及對這些結論的佐證。

我開玩笑地跟人力部門說，這是比所有人力專員做得都好的一份面試記錄，而 K 並不是人力專員出身。這件事給我的觸動是：精準表達其實是一種思維方式，掌握了這種思維方式，那麼在任何場合你都能脫穎而出，發揮自己的影響力。

那麼，我們能掌握精準表達嗎？

當然能。但是，在學習具體方法之前，你首先要明白：任何表達的幕後推手都是思維模式。你是怎麼說的，取決於你是怎麼想的。如果我們看不到精準表達和糟糕表達背後的思維差異，我們就無法學會精準表達。這個差異是什麼呢？我用一句話來總結：糟糕表達只關注「發生了什麼」，精準表達則會死死咬住「我要和你實現什麼」。

什麼意思呢？就拿寫面試記錄的例子來說，你把面試過程像法庭書記官那樣事無巨細地寫下來，這種表達就是只關注「發生了什麼」的典型代表。問題在於，老闆或者你的同

事請你去聽面試，只是為了知道誰都問了什麼、誰都說了什麼嗎？如果真的是這樣，那麼一支錄音筆不就足夠了嗎，根本就不需要你！所以，你去聽面試，必須要先想清楚一個關鍵問題：「我聽這次面試，要和老闆實現什麼目標？」

答案顯而易見，你要和老闆實現的是：幫助老闆做一個判斷，保證錄用有價值的人才。當我們把思維對準這個關鍵問題，我們自然就知道最該表達什麼。

再舉個例子，職場人小熊正在和幾個合作方就一個業務做最終確認。他要約所有合作方參會，但原定周二的會議需要變動，因為其中一個負責人臨時出差沒時間，這位負責人只有周三之後有時間參會。其他兩家公司負責人的時間是這樣的：一個人周四以後可以，一個人周五可以……這樣會議時間只能調整到周五下午 2 點。關於這件事情，小熊該怎麼跟大家溝通呢？

方案一，把上面一堆事實講給老闆聽？比如「本來會議定在周二開，現在因為這個人有事，那個人沒空，所以我們要調到周五下午……」這樣匯報至少需要 3 分鐘。

方案二，直接匯報「某某會議改到周五下午」，然後根據對方反應，再看後續要進行多詳細的解釋。

　　每天都會有很多同事走進我的辦公室，用方案一的方式溝通工作。我會無數次打斷他們：「你的結論是什麼？」而方案二則簡單明了、直擊重點。

　　兩種方案背後的思維模型很不同，方案一是只關注「發生了什麼」的思維；方案二則是合作思維。

　　只關注「發生了什麼」的表達，其背後暗藏的是非合作思維，因為我們的關注點只在自己身上——「我剛才經歷了什麼？我要跟你表達什麼？」我們局限在很小的範圍裡，並沒有去想：「我要說的這件事和對方有什麼關係？」前面講到的新聞課老師寫導語的例子：「比佛利高中通知，全體教職員工於下周四前往沙加緬度參見一個教學方法研討會。與會發言者包括某某某。」這是標準的「發生了什麼」，可是和學生有什麼關係呢？老師要參加研討會，然後呢？這種自說自話的表達裡找不到合作思維的影子。

　　相反，「下周四不上課」這句話一下子就擊中了學生，讓他們知道這件事和自己的關係是什麼。這不就是合作思維嗎？

　　「我想和你實現什麼」這句話本身就是合作思維的靈魂。合作說白了，就是和對方一起實現一個目標。表達也是，任何表達必定有一個「對方」，有一個「目標」，即使只是純粹

地講個故事，至少也得有「讓對方願意聽完整個故事」這個基本目標。脫離對方和目標來表達，必將淪為只有自己能聽懂的囈語。所以，精準表達一定要從合作思維起步，合作思維就是表達的靈魂。

明白了這點之後，我們就可以著手進入方法論部分了。我們的方法主要解決「知道卻做不到」的問題。我知道，有的朋友明白上面的道理，但是一旦進入實踐，他們還是會思想混亂，抓到什麼說什麼，最後發覺自己還是在「發生了什麼」這個問題附近繞來繞去，找不到「我要和你實現什麼」這個關鍵問題。

「爬金字塔」的方法恰好能用來解決這個問題。這個方法要求我們把整個表達看成一座金字塔──「發生了什麼」是在陳述事實，它是金字塔的基礎，最底部的一層；而「我想和你實現什麼」就是金字塔的塔尖，是表達的最高層次。我們需要從底部爬到金字塔頂部，這樣才能站在塔尖，看清自己要講什麼。

舉一個例子。比如，這個月你沒有完成實際預算，你想在周會上跟公司主管匯報工作並請求支持。你要說的一個事實是「7 月銷量是 100 萬元」，圍繞這個數據你羅列了很多細節和困難之處。想想看，你想說的內容處於金字塔的哪一

層？沒錯，這些是處在最底層的資訊：「發生了什麼」。

接著讓我們爬到第二層，第二層是「我怎麼看待發生的事情」，就是如何分析銷量是 100 萬。你的分析是：「7 月銷量和 6 月持平，沒有

明顯的增長，但沒有完成 150 萬的目標，原因是投放的廣告過於零散，沒有事先篩選出有效通路，也沒有在事後及時監控效果。」到了這裡，我們就能向上爬到第三層：「我要做什麼？」你想做的是：找專人仔細分析和篩選優質通路，進行精準和高質量的投放。

現在，我們離塔尖只差一步了，你可以問自己：「我要和你實現什麼？」你想和老闆實現的是：由於自己部門人力緊繃，而下個月的任務不容有失，希望可以從其他部門借調一個人來專門做篩選通路的工作。這樣，我們就從金字塔的底層爬到了塔尖。

我再重複一下各層的問題：

第一層：「發生了什麼？」——事實；

第二層：「我怎麼看發生的事情？」——分析；

第三層：「我要做什麼？」——目標；

第四層：「我要和你實現什麼？」——合作。

只要我們在任何表達前停下來，先在腦子裡爬完這座金字塔，就一定能找到塔尖的關鍵問題的答案。

金字塔表達法的關鍵是：當我們開始向對方表達時，我們不能讓對方重新爬一遍金字塔，而應該直接把對方輕輕放在塔尖，讓他上來就能一覽全貌。接著，我們可以從塔尖一層層往下表達。

在剛剛的發言分析中，精準表達是這樣的：

先進入最頂層的合作層面——「我要和你實現什麼」：「老闆，我希望可以從其他部門借調一個人來做這項關鍵工作，這項工作直接關係到下個月我們能否完成預算。」

再溜回到第三層的目標——「我要做什麼」：「我想對我們投放的公眾號進行事先的篩選和事後的監控。」

再下到第二層，來分析「我怎麼看發生的事情」：「為什麼這項工作這麼重要？因為我發現上個月通路的投放轉化率極低，而我分析的原因是我們投放的通路有很大比例存在數據造假。我們 7 月在公號上的投放比起 6 月翻了 3 倍，但是 7 月銷量只有 100 萬，相比 6 月卻沒有增長，原因就在於此。」

最後回到第一層的事實：「具體數據和我對一些公號的虛假流量分析，請看我這幾頁的報告。」這裡要特別注意，你要

用事實說話。

　　發現了沒有？這個表達的順序是從塔尖到塔底，正好和「爬金字塔」的順序反過來——先說「我要和你實現什麼」，再說「我要做什麼」，而我要做這件事的原因就是「我怎麼看發生的事情」，最後附上「發生了什麼」的數據和事實。

　　我們可以設想一下，如果我們用「爬金字塔」的正向方法來表達，上來先給一組數據，說一遍為什麼完不成任務——如果真這麼做，很有可能會「成功」引發老闆的不耐煩，他煩躁的點在於：「說說你準備怎麼辦？給我解決方案啊！」與會的其他同事煩躁的點是：「這跟我們有什麼關係！」相反，從塔尖開始的表達最能幫助你抓住對方注意力，因為對方第一時間就能掌握最需要、最核心的資訊，這樣就能知道你的意圖，就能知道他要做什麼。這個過程會給對方一種「主動權」——一種溝通上的主動權。

　　這正是合作思維的體現。因此我把精準表達本身稱為「溜金字塔」——讓對方從塔尖溜下來，順滑地一路到底。而準備表達的過程是「爬金字塔」，需要你自己來完成。這就能解釋為什麼我們聽有些人說話是一種享受，因為他們把爬金字塔的工作自己做了，讓你一溜而下地滑到底；而為什麼有

的人說話讓你無比痛苦，因為他們自己說得很爽，卻把爬金字塔的苦差事推給聽的人去完成，讓你邊聽邊爬，當然能把你累死。準備的時候要「爬」，表達的時候要「溜」，這個口訣是不是挺好記的？

回顧

每個人都想在溝通時發揮出自己的影響力，而做到精準表達是最有效的途徑。概括來說，精準表達的背後推手就是合作思維。關注到共同的合作目標，關注到對方到底需要什麼，才能開始精準表達。

至於怎麼達到精準表達？我們用的是金字塔原理，這是國際諮詢公司麥肯錫大量使用的一種思維模型，很多世界頂級公司的培訓也都在用。我把它進行了改造，拆分模擬了兩條路徑：一條是準備表達之前的思考過程，我們用爬金字塔的方式從下往上，層層推進；一條是表達時，我們要用溜金字塔的方式，自上而下，結論先行。

精準表達看上去是一種很理性的思維模型，它也的確給過我很多幫助，比如節約時間、高效解決問

題、影響別人。但是它給我的最大幫助，是消解孤
獨。

我常常說，千金難買低溝通成本。你們面對面坐
著——對方是與你關係最緊密的同事、你最親密的伴
侶，你們說了很多話，卻並不確定有多少內容被對
方真正理解了。人和人之間的相通，

真的太難了。因此，得到理解並且理解別人，顯得
彌足珍貴。精準表達給過我這種體驗。

希望你在精準表達的支持下，發揮屬於你的影響力。

第 14 章

知識的詛咒：
找到對方的「資訊缺口」，
實現溝通同頻

打動別人的能力，

是影響力的一種表現。

你必須把對方當成合作者，

不能只沉浸在自己的認知中，

你只有破除「知識的詛咒」，

才能在情感上打動對方。

在上一章講述的精準表達中，我講到了如何讓自己的表達準確地影響到別人，方法是採用「合作—目標—分析—事實」的結構，用爬金字塔和溜金字塔的方式，向他人精準傳遞資訊，高效解決問題。

但是，生活中仍有很多時候，明明理順邏輯了，也講通道理了，但對方還是無動於衷。這是一種更複雜的情況——當道理和邏輯行不通的時候，我們如何用更高級的方式打動別人？

先來看一個故事。故事的主人公，是風華絕代的英國女演員奧黛麗・赫本。

赫本為世人所知，是由於她精湛的演技和出眾的美貌——《羅馬假期》中優雅俏皮的安妮公主，是無數人心中最經典的女性角色。美國電影學會曾把赫本評為「百年來最偉大的女演員」中的第三位，《ELLE》雜誌將赫本評選為「有史以來最美麗的女人」之一。

但赫本的魅力不僅在於她的演技和美貌。她晚年熱心慈善，是聯合國兒童基金會的親善大使，曾親赴拉丁美洲和非洲的偏遠國家和地區，為當地的孩子發聲和募捐。在聯合國兒童基金會的紐約總部，有一尊名為「奧黛麗精神」、7 英尺（約 2.13 公尺）高的赫本青銅雕像，而她是歷史上獲此殊榮

的第一人。下面這個故事，就發生在赫本幫助貧困地區孩子的過程中。

有一段時間，許多人道主義者對戰爭國家兒童的關注度大幅下降，他們只是拿出一些錢，之後便不再理會。這種現象被一些人稱為「捐助疲勞症」。但對這些孩子來說，只把錢丟過去是遠遠不夠的，他們的健康、教育和生存環境，都需要全球各界人士持續關注。

「捐助疲勞症」產生的原因其實不難理解。1960 年至1993 年，非洲大陸經歷了 24 場戰爭，隨之而來的是大規模的黑色難民潮。對大多數人來說，第一次面對他人的苦難時，他們願意伸出援手，也會密切關注。第二次或許仍會支持，但是第十次呢？第二十四次呢？

面對這些看上去持續不斷的災難，人們變得越發冷漠。這種轉變也許只是出於一種自我保護。當時還有一種論調說，這些不幸是政治層面的問題，國際慈善組織是無法從根本上解決的。在這樣的情況下，想要引起社會各界對戰區兒童的持續關注，更是難上加難。那麼，該怎麼做呢？請求幫助嗎？——「你們不知道，那些戰區的兒童真的很可憐，他們需要更多人的支持和幫助！」

或是質問？——「你們怎麼忍心自己喝著咖啡、吹著空

調，卻對瀕臨死亡的非洲兒童漠不關心？你們太冷漠了！」

　　或許像精準表達那章提到的那樣，用事實和邏輯說服他們？

　　事實上，試圖用事實和邏輯說服他人是許多有識之士採取的做法，他們在募捐信上用數據詳盡地展示了問題的嚴重性：

- 馬拉威的食物短缺問題波及 300 多萬名兒童。
- 尚比亞的嚴重乾旱問題導致從 2000 年起玉米產量下跌 42%。據估計，300 萬尚比亞人面臨飢荒。
- 安哥拉共有 400 萬國民（相當於其全國人口總數的 1/3）被迫背井離鄉。
- 衣索比亞至少有 1100 萬人迫切需要糧食援助。

　　有地點、有數據，看得出問題很嚴重。這樣的表達在一定程度上有用，但並沒有打動大眾。

　　生活中這種情況也很常見，你將道理說得很明白了，有理有據，但還是沒辦法影響對方、達成目標。假如你是一名銷售人員，你盡職盡責地為顧客介紹了產品的亮點和性能，比如：「這款減肥茶的成分是 ×××，對人體無害。」你甚至

想到要站在顧客的角度上思考問題，描述產品能給他們的生活帶來的好處，比如：「用了這款產品，即便不節食不運動，你也能瘦下來！」但情況常常是，別人嗯嗯啊啊地點頭聽你說了一會兒，詢問了一點資訊，就丟下一句「我回頭再看看」，然後揚長而去，再也沒回來。

我一個朋友 Grace 以前是做用戶研究的，她的工作職責是收集用戶對產品的回饋，再報告給公司上司，讓他們根據調研結果優化產品。她工作起來非常仔細，不但記下了用戶評價產品的每一個字，甚至還製作了統計圖。最後，她是這麼匯報的：

「65% 的用戶覺得我們的產品口味太多了，在貨架上找到自己想要的口味很困難。我們要簡化產品線。」

公司的管理者聽了之後紛紛覺得，只有新口味和新包裝才能刺激用戶。他們對 Grace 的報告表示知曉，然後不了了之。Grace 當時很受挫：「我人微言輕，怎麼能影響得了這些老闆呢？」

在大量的政客、財閥和企業家面前，得不到支持的赫本也許也這樣想過。但不同的是，赫本並沒有止步於此，這時

候，一種更高級的溝通能力在她身上發揮了作用——感性地打動別人的能力。面對募捐難題，她沒有講道理，也沒有列數據，相反，她為大家展示了一個畫面。她是這麼說的：

「假設這樣一個場景：你正坐在自己家的客廳。忽然，你聽到街上傳來非常恐怖的尖叫聲，汽車猛烈的撞擊聲也隨之傳來。你的心臟像被什麼東西重擊了一下，你不由自主地從椅子上跳了起來。你立即跑到街上，看到一個孩子被車撞了，正倒在血泊中。這個時候，你會停下來去思考慘劇的責任應該歸誰嗎？是因為司機開車太快，還是因為孩子為了追逐自己的皮球突然衝上了馬路？你當然會立即抱起孩子，將他送到醫院。這是你應該做的，而且是你唯一可以做的事。」

赫本沒有談正義，也沒有談社會責任，只是帶著人們重新體驗當面對災區孩子時，每個人心裡都會經歷的衝擊。她沒有採取冷冰冰的說服方式，而是去喚醒人們的感受，然後等待這份感受去驅動人們做出改變。為什麼赫本僅靠這幾句話就能打動別人？

美國當代著名詩人瑪雅·安吉羅（Maya Angelou）說過一句話，也許可以用來回答上面這個問題：「人們會忘記你說的

話，人們會忘記你做的事，但是，人們永遠不會忘記你給他們帶來的感覺。」

這種打動別人的能力，是影響力的一種表現，而且不需要你有多麼高超的口才或者多麼豐富的情感——只要你能突破一種叫作「知識的詛咒」的思維局限。

什麼是「知識的詛咒」呢？在詳細講解這個概念之前，我們來做個小試驗。

首先，你需要邀請一位朋友或者你的伴侶跟你一起來玩這個遊戲。現在，你告訴搭檔：「我要拍打出《生日快樂》這首歌的旋律。」然後你一邊哼唱，一邊隨著腦中的旋律，用手在桌子上擊打出這首歌的節奏。這是第一輪試驗，很簡單。

然後，你再次隨機敲打出一些節奏，讓對方來猜這是什麼歌。注意，你不能告訴他這首歌的名字，他只能憑借你敲的節奏來猜測。這時你會發現……他怎麼會這麼蠢，這都聽不出來！

親自試驗一下，你就能發現兩者的差別。當我們心裡哼著一首歌時，我們覺得從節奏猜出這首歌的名字易如反掌。但是，當我們不知道這首歌是什麼時，我們只能聽到一個個離散的敲擊聲，像莫爾斯電碼一樣古怪，讓人一頭霧水。事實上，這個簡單的遊戲是美國史丹佛大學心理學系學生伊麗

莎白・牛頓的研究課題。她憑借這項研究，拿到了心理學的博士學位。

在剛剛這個遊戲中，敲桌子的人被稱為「打拍子的人」，而聽節奏猜歌名的人被稱為「猜歌名的人」。這個遊戲裡所用的歌曲都是人們耳熟能詳的著名曲目。在打拍子的人打完節奏之後，伊麗莎白沒有立刻讓猜歌名的人猜歌，而是讓打拍子的人先估計對方猜對的機率。平均來看，打拍子的人預測的成功機率是 50%。也就是說，打拍子的人以為自己每表演2 首曲子，對方就能猜對 1 首；但實際上呢，他們在平均擊打了 40 首歌後，猜的人才能成功猜中 1 首。

在這項實驗中，每一個打拍子的人都非常驚訝——「猜歌名的人為什麼費那麼大力氣還辨別不出曲目？這調子難道還不夠明顯嗎？」當他們看到猜歌名的人把美國國歌猜成《小星星》時，臉上的表情簡直就像寫著：「你怎麼會這麼蠢呢？」

為什麼打拍子的人會對猜歌名的人的表現預估得這麼高呢？因為他們事先已經知道這首歌是什麼，所以在打拍子時腦子裡充滿了這首歌的旋律，他們以為猜歌名的人也聽到了他們腦子裡的歌聲。但實際情況是，猜歌名的人聽到的只是一組莫名其妙的拍子而已。

你看，在這個場景中，打拍子的人具有的知識反而阻礙

了他們理解猜歌名的人，也妨礙了他們給出更多有效的資訊，降低了他們溝通的效果。換句話說，我們一旦掌握了某種知識，就無法想像沒有掌握這種知識時的心智狀態，這會導致我們沒辦法在對方沒有這種知識儲備的狀態下和他溝通。這種情況就叫作「知識的詛咒」。

很多童話故事中的英雄都要尋找財寶——財寶是好東西，但是它往往被惡魔詛咒了，獲得了財寶就需要承擔財寶上的詛咒。而「知識的詛咒」也是這個道理——知識當然是好東西，但有了知識，詛咒就如影隨形地附了上來，讓我們很難覺察。

有了這個意識之後，你就會發現，生活中幾乎時時刻刻都充滿了知識的詛咒。

Andy 是一名志願者。他查閱了無數資料，走訪了很多戰爭國家，親眼看到了瘦骨嶙峋、在疾病與貧困中掙扎的兒童，但他說出口的只是：「戰爭國家的兒童太可憐了！我太心痛了！幫幫他們吧！」這時的 Andy 就像打拍子的人，當他說出「戰爭國家的兒童太可憐了」這句話時，那些慘痛的場景就像歌聲一樣立即在他腦海裡浮現，他的情感都被調動了起來，他以為其他人也聽到了這裡的「歌聲」，看到了這些場景。但是很遺憾，對方只聽到了他打的那個空洞的拍子：「戰

爭國家的兒童太可憐了！」所以，對方的反應也只是：「嗯，我同意，那又怎麼樣呢？」當他了解了知識的詛咒，就會發覺這種反應對聽拍子的人來說再正常不過了。

Grace 做用戶研究，曾在超市蹲點好多天。她看到有的顧客拿起一瓶飲料，又換到另外一瓶，最後卻購買了其他品牌的飲料。他們指著那一排飲料，抱怨商家的產品口味太多。但當 Grace 回到公司向主管們報告的時候，只是說「65% 的顧客覺得我們的產品挑選起來很困難」，Grace 在說這句話的時候，她的大腦裡浮現的是超市的場景、那些用戶糾結的表情和放棄時的樣子。這時，Grace 就是那個打拍子的人，她自己的焦慮和遺憾被調動起來了，但是她的主管可聽不到她想要傳達的旋律。

正是隱藏的「知識的詛咒」，使得對方很有可能忽略掉你說的話，因為他們沒有感受到這種衝擊。之所以有「知識的詛咒」，是因為你沒有意識到，你經歷過的許多事情，別人並沒有經歷過；你感受到的許多事情，別人並沒有感受過。哪怕你確實講清了道理，但還有許許多多打動你的細節，沒有被呈現出來。

如果你不了解「知識的詛咒」，你就會因為他人的「不配合」給對方貼上標籤：

「那些不捐助的人實在太自私了！」

「公司的高層根本聽不進我的建議，他們太固執了！」

這些是不是跟猜歌名的人猜不出歌曲時，打拍子的人責怪對方「怎麼這麼蠢」很像呢？你以為你在唱一首歌，但其實你只是在打拍子：你打著古怪的拍子，還怪別人聽不出來──這不就是典型的非合作思維嗎？我們沒有把合作當作起點，沒有把對方當作自己已有的合作伙伴，而是全身心地沉浸在自己的認知中。

相對地，在合作思維中，我們時時都會持有這樣的意識：

「我知道很多被我當成理所當然的資訊，對方並不知道。因此，為了更好地合作，我有責任從零開始，建立對方對這件事的理解。」

這種思維認知會幫助我們理解到一點：我們的合作伙伴不是全知全能的人物。不僅如此，他們有自己的成長經歷和認知結構，我們所看到的、聽到的，對我們來說，是可以輕易理解的，但對他們來說，很有可能是一片未知。因此，如果我們想打動他們，就要把對方盡可能地拉到我們的世界中

來，把那些打動我們的細節盡可能逼真地展現給他們。

那麼，如何才能更好地把對方拉進自己的世界，為他們展現所有細節呢？

試想一下，你剛看了一部精彩的電影，比如《鐵達尼號》。你對朋友說，這部電影特別好看，在船頭有一幕男女主角相擁的畫面，是電影史上的經典鏡頭。還有這首歌的主題曲《我心永恆》也特別好聽，獲得了當年奧斯卡最佳原創歌曲獎。你手舞足蹈地說了半天，朋友好像還是沒表現出多大的興趣。那麼，怎樣能更進一步破除「知識的詛咒」呢？

「在夕陽下，男主角從背後抱著女主角，站在船頭。女主角的頭髮和裙角隨風飛舞。」

這樣的描述似乎好一些。但要想讓朋友像你一樣，深切體會這部電影的妙處，最直接的方法就是：帶她去看一遍電影。「展示，而非說服。」說這句話的人，就是大名鼎鼎的作家契訶夫。有這種意識的人，是更高效的溝通者，在工作和生活中更能影響別人。我常常看到兩個同事在討論工作，A說：「我看了一篇文章，特別適合我們參考，它的結構是……」B說：「這個結構我們也在用啊。」A又說：「不一樣啊。我們

的結構是⋯⋯」

他們爭辯了 10 分鐘，各自沉浸在自己的「知識的詛咒」裡。我忍不住打斷他們：「把那篇文章發出來，看完再討論。」

展示，而非說服。

回顧

我們反復強調，影響力是通過別人樂於接受的方式來達成自己的目標。你一定發現了，比起乾巴巴地講道理，這一章所講的破除「知識的詛咒」、用更具體的動態模式進行溝通，更容易讓他人樂於接受。

你有沒有發現，在這一章裡，我也是在不停地講故事，而不是講道理？希望我已經打動了你。

第 15 章

故事思維：
用感官化的語言還原現實

想方設法調動聽眾的視覺、嗅覺、味覺、聽覺和觸覺，

把對方拉進你的世界，讓他感同身受。

判斷你的語言是否足夠感官化的標準是：

你的描述能否讓對方在腦海中形成一個畫面？

在上一章中，我們介紹了精準表達的一種高級方法，那就是破除「知識的詛咒」。怎麼做到呢？在方法論的部分，我會介紹「打破『知識的詛咒』，把對方拉進我們的世界」的兩個層次，它們的核心只有一個——感官化。

所謂感官化，就是想方設法調動聽眾的視覺、嗅覺、味覺、聽覺和觸覺，讓別人對你的體驗感同身受，從而打動他們。

先來看感官化的第一層：語言層面的感官化。

還記得赫本那段號召大家關注慈善事業的發言嗎？它充分調動了人們的各種感官。記得她怎麼說的嗎？

「假設這樣一個場景：你正坐在自己家的客廳。」——這是視覺。

「忽然，你聽到街上傳來非常恐怖的尖叫聲，汽車猛烈的撞擊聲也隨之傳來。」——這是聽覺。

「你的心臟像被什麼東西重擊了一下，你不由自主地從椅子上跳了起來。」——這是觸覺。

「你立即跑到街上，看到一個孩子被車撞了，正倒在血泊中。」——這又是視覺。

在她不長的發言中，她多次調動了人們的三種感官，使得這段發言描繪出能令人模擬體驗的場景。有這個意識之

後，你就可以在生活中不斷提醒自己進行刻意練習了。

要注意的是，若要判斷你的語言是否足夠感官化，你可以用這條標準去衡量：你的描述能不能讓人們在腦海中形成一個畫面？

我們一起來體驗一段好的感官化描述——

想像一個砧板，一顆在朝陽的窗戶下被曬得暖暖的檸檬躺在砧板之上。你聞到了檸檬皮清爽的味道。想像有一把鋒利的刀，你手起刀落，檸檬被切成了兩半。看著這兩半檸檬滾開，檸檬汁的水珠滴落到一起，匯成一小攤檸檬水。現在，你能聞到檸檬強烈的香味。你拿起其中一半，再切一刀下去，拿起其中一小塊檸檬，放到嘴中，深深地咬下去，用嘴唇箍住檸檬，然後咧嘴做出一個大大的檸檬黃的微笑，讓果汁任意流淌到你的下巴上。

吸一口檸檬汁。

怎麼樣？有沒有覺得唾液腺在起作用？你的嘴裡流出口水了嗎？即便你沒有真的吃到一個檸檬，這段感官化的文字也已經讓這個檸檬清晰地出現在你的腦子裡，令你模擬了真實的體驗。若是你被打動了，那麼這種表達就發揮了它的影

響力。激發顧客的感官化體驗，一直是商業領域中被廣泛使用的銷售法則。只要留心，我們隨手就可以找到這樣的例子：

「我們的汽車噪聲很小。」——這個描述是非感官化的。

「當我們的汽車以 100 碼的速度行駛時，你依然能聽到你手錶的聲音。」——這個描述是感官化的。

這兩種說法在感染力上的區別，你感受到了嗎？

再來看一個案例，一家全球 500 大企業如何打廣告。

諾德斯特龍百貨（Nordstrom）是美國一家高級百貨連鎖店，它的定位是高級購物場所，雖然其商品價格昂貴，但客戶服務無比細致。

如果是你，你會如何為這家百貨公司打廣告呢？「我們是全球 500 大企業，服務質量有保障」，還是說，「我們有專業的服務人員，給你卓越的客戶體驗」？

美國管理學家詹姆・柯林斯和傑瑞・薄樂斯合著的《基業長青》（*Built to Last*）一書中，記錄了諾德斯特龍公司對其服務的描述——他們把自己的服務人員稱作「小諾」，他們說：

「小諾替一位顧客熨好了當天下午開會要穿的新襯衫。」

「小諾為冬天前來購物的顧客暖車。」

「小諾開心地為一位顧客包裝從梅西百貨買來的禮物。」

梅西百貨是什麼？它是諾德斯特龍的頭號競爭者。如果你到諾德斯特龍來，工作人員會為你包裝你在他們頭號競爭者那裡買的商品。這就像在說，你到某家品牌手機店去，那兒的工作人員願意為你義務維修其他品牌的手機，而且還特別開心！

這些描述是不是很有畫面感？你的腦海中是不是浮現出了面帶微笑、為客戶來回奔忙的小諾？影響別人的一個途徑，就是激發聽眾的感覺，讓他們看到、聽到、聞到、摸到、嘗到你的故事，這是將他們拉進你的世界，從而打動他們的最有效的說話方式之一。

以上是感官化的第一層次——語言層面的感官化，我們試圖用語言為大家展示細節。接下來，我們進入感官化更具衝擊性的層次——現實層次，即直接把對方帶到現場去，讓他進入真正的情境。

前段時間我看了蜜雪兒‧歐巴馬所著的《成為這樣的我》（Becoming）這本書，其中，蜜雪兒‧歐巴馬生完孩子後復出

求職的案例讓我印象深刻，她幾乎就是「帶到現場」的最佳典範。

蜜雪兒・歐巴馬最為人所知的身份是美國前總統歐巴馬的妻子，但實際上，她的學歷、才華、能力並不亞於歐巴馬。她大學畢業於普林斯頓大學，並在哈佛大學拿到博士學位，2018 年被評選為「美國最受尊敬的女性」之一。她的自傳《成為這樣的我》在美國和加拿大發行後，一周內就成為暢銷書。

這個產後回歸職場的故事發生時，她和歐巴馬剛剛迎來了他們的第二個女兒薩沙。生下薩沙後，蜜雪兒成了一位全職媽媽。為了照顧女兒，她每晚要起來好幾次，結果導致嚴重睡眠不足，整日昏昏沉沉。雖然她努力試圖讓家裡保持整潔，卻節節敗退──家裡到處是孩子的玩具、書和一包包的嬰兒濕巾。每次出門，她都要推著一個大手推車，背著一個並不時尚的尿布包，裡面裝滿了東西──五穀麥圈、孩子常玩的玩具和替換的衣服，而且兩個女兒要各備一份。

特別真實，對吧？每一個養育過孩子的媽媽都有這種經歷。火上澆油的是，這時她的保姆格羅得到了一份薪水更高的工作，要離開她了。所以，蜜雪兒面對的是這樣一種情況──小女兒還在吃母乳，3 歲的大女兒在上幼稚園，丈夫每

天有滿滿的工作日程。她沒有幫手，家裡所有的事情都落在了她身上。恰恰在這個時候，她得到了一個非常難得的職業機會：芝加哥大學醫學中心來了一位新院長，他準備擴大醫學中心的社區服務範圍，要招聘一位負責社區事務的執行董事。要知道，蜜雪兒在普林斯頓大學念的正是社會學，而且她有豐富的法律從業經驗，這個工作簡直就是為她量身定做的。最重要的是，她正渴望能在職場有所作為，她不想再像從前那樣，為了平衡事業與家庭而選擇兼職。她想有一份全職工作，領一份有競爭力的薪水，這樣她才能更好地雇用幫手來分擔家務，才能丟開抹布和洗衣液，在空閒時間和女兒盡情地玩耍。

她決定爭取這個機會。

跟每一個重新回歸職場的媽媽一樣，蜜雪兒需要說服老闆，打消對她這個二胎媽媽的疑慮。如果你是蜜雪兒，你在面試的時候會如何描述你的近況呢？你會隱瞞自己的二胎媽媽身份嗎？當然不行，媽媽和高級主管的身份同等重要，我們不可能做到隱瞞其中一個而只顧另一個，這樣只會讓日後的工作和生活徹底失衡。你會解釋嗎？——「老闆，雖然我現在家裡有一個小嬰兒和一個在上幼稚園的女兒，但我一定可以安排好時間，高質量地完成工作。請相信我！」每一個

應聘者估計都會這麼說，聽著像是喊口號，其實挺無力的。
那麼，蜜雪兒如何才能向對方展示「我可以同時勝任母親和
高級主管的角色」呢？

「想要打動別人，最高層次的辦法，就是把他帶到現場
去。」

於是，蜜雪兒‧歐巴馬直接抱著 3 個月大的女兒薩沙來
到了面試現場。很多朋友會覺得詫異，這時候不應該稍加掩
飾自己的媽媽身份，並且強化自己的職業形象，比如身著全
套職業裝、將手機靜音等等？如果你這樣想，那麼恐怕是非
合作思維在悄悄作祟：「把合作當作結果，我只有降低自己的
成本，才能得到機會、達成合作。別人未婚未育，我就要比
他們顯得更有時間，否則肯定性價比不如別人高啊！」

但如果是合作思維呢？——「我是職場媽媽，我有我獨特
的價值。我們可以一起來探討，怎麼能跟你一起實現我們共
同的目標。」於是就出現了很有趣的一幕：面試的時候，蜜雪
兒一邊晃著坐在腿上的薩沙、檢查她的尿布有沒有漏，一邊
邏輯清晰地回答院長的提問。她還條理清晰地向對方展現她
的規劃——如何提升會議效率；如何靈活地安排工作時間；如

何安排在家工作⋯⋯她用行為向對方展示了兩點：

　　第一，我的女兒還小，需要母親的照顧，這是我生活中的事實——一個無法忽視的事實。這就是我，我還要照顧我的孩子。

　　第二，但你看到了，這反而訓練了我更高效、多功處理工作的能力。即使孩子在現場，我也能出色地完成這場面試。在以後的日子裡，我也肯定可以像現在這樣，出色地完成我的工作。

　　當媽媽的人都知道，因為有了孩子，以前的很多拖延症不治而癒，因為沒有時間可浪費，你必須多線條同時處理多個問題。這反而是做了母親的女性的獨特優勢。但若不當場感受，沒有這種經歷的人是很難想像的。

　　最終，蜜雪兒得到了這個工作機會，蜜雪兒還原現場的表達能力功不可沒。

回顧

在這兩章裡，我們提到了一個關鍵概念——「知識的詛咒」。這是我們常常忽略的阻礙溝通的一個關鍵點。

若要打動別人，若要被理解，你就要跳出「知識的詛咒」。你需要有這樣一個意識：你經歷的，別人沒有經歷過；你感受到的，別人沒有感受過。因此，若你想打動別人，就要盡可能生動地還原現實，展示動人的細節，把對方拉到你的世界中。

若要把對方拉進你的世界，你就需要掌握感官化。我從兩個層面告訴了大家如何做到感官化——語言層面和現實層面。

你一定注意到了，這一章的講述方式跟其他章節略有不同，我用了很多筆墨來講故事，鋪陳細節、加入互動，這本身就是一個感官化的嘗試。

如果你被其中某個細節所觸動，那你一定要相信，只要你勤加練習，不斷提醒自己，你也一定能夠打動別人。

祝你擁有屬於自己的影響力。

第 16 章

得體有效的拒絕，
可以實現更高級的合作

若想用別人樂於接受的方式影響他們，

首先你自己應該處於一個愉悅的、想主動達成目標的狀態。

不要一味委屈自己，學會說「不」，

是發揮影響力的重要前提。

我們前面用了很多章節來講要敢於提出自己的需求。高效得體地提出自己的需求能夠幫我們在工作和生活中大大小小的事情上得到配合和支持。同時，因為關係是互動的，所以在獲得配合的同時，我們也常常需要「回應」身邊人提出的需求，比如親友要你幫個忙，老闆有更大更重的任務給你，朋友讓你陪著做點什麼事。

面對別人的種種需求，有些我們樂於滿足，有些我們一抬手就做了，但有一些我們其實並不想做，或者是我們根本做不了。那麼問題就來了：很多時候我們不敢拒絕，對很多人來說，說「不」是一件很為難的事情。

這正是本章的內容：如何拒絕他人。

《哈佛商業評論》裡有這樣一項研究數據：組織中75%~90% 的助人行為是被動的。什麼是被動呢？就是對方提出請求，我們因為不敢拒絕，勉強選擇了答應。

拒絕不就是一個動作、一句話嗎？有多難？事實是，你在網絡上隨便一搜，到處都有如何拒絕別人的課程、怎麼說「不」的文章。拒絕別人，看來真的很難。

害怕拒絕在亞洲國家可能更明顯，因為我們的文化傳統要求我們盡量含蓄和禮貌，而拒絕別人會被理解為冷漠，會讓自己不被他人喜歡和認可。同時，由於這種不提倡明確拒

絕的文化，導致我們在人際關係中也會缺少邊界感。

　　我曾經在日本記者伊藤詩織的新書發表會上跟她對談。她在日本被新聞界的前輩性侵犯，司法維權之路走了整整 4 年 8 個月才迎來勝訴，為了還原事件本身，她寫了《黑箱》一書。

　　她提到一個現象：在被性侵犯的過程中，她想要反抗，卻發現自己沒辦法用日語表達憤怒，因為在日語中，即使拒絕也是彬彬有禮、帶著敬語的，很容易讓人誤解說話者的態度。她只好換成英文，說出「fuck off」（滾蛋）這個詞。她說，在日本語境下，甚至沒有明確的同意和拒絕，日語中即便說的是「不」，大家也會理解為「是」。我回想了一下，在中國好像也是這個感覺，你說「不，不吃了」，對方會以為你在客氣；小朋友說「不」的時候，大人會覺得小孩子什麼也不懂。從整個文化層面來看，拒絕都是一件很模糊的事情。

　　前幾天，我的同事 L 要給重要客戶提宣發方案，已經超過了約定時間，他還是沒做出來。追究原因，他說那個方案很難寫，需要靜下心來、好好思考才能做出來。但是，這個過程中其他同事一會兒跟他要銷售數據，一會兒要請教選題，他的思路一直被打斷。我問他：「你不可以拒絕他們嗎？你可以跟對方說，我有一個緊急的方案要寫，必須關掉微

信。」他想了一會兒回覆我：「我說不出口啊，人家也是真的需要我。」我又問他：「所以比起拒絕別人，你更想做一個好人，是嗎？」L第一時間搖頭，但是想了一會兒，他忽然臉紅了。

這句話乍一聽有點難聽。著名心理學家阿德勒也提出過類似的理念。阿德勒有一個說法，他認為人的一切行為都出於某種目的。無法拒絕別人的一個深層原因是，你希望做一個好人，你不想顯得冷漠，你希望別人認為你是個好人。出於這個目的，拒絕對你來說就是困難的。

當然，這沒什麼好指責的。如果你享受這個過程，一點問題都沒有。想做一個好人是不應該被指責的。

但是，如果你像L一樣，即使對方請求你做的事會影響到你的工作，你也無法拒絕，那麼哪怕你滿足了自己做好人的心願，結果也不盡如人意：被主管指責，自己還要熬通宵趕方案，身心都很痛苦，趕出的方案也很粗糙，導致同事質疑你的工作能力。那麼這個時候，拒絕這個行為，就要拿到桌面上認認真真討論了。

同樣的情況也發生在家庭裡。我有很多身為人母的讀者朋友，她們常受困於一點：「喪偶式育兒」。丈夫在家庭關係中參與得很少，我通過觀察她們的行為發現，她們常常一邊

滿心委屈，抱怨丈夫懶惰、什麼也不做，一邊又忙於家務。
我有時候會問：「那你可以不做家務嗎？每周抽一天，你離開
家，讓丈夫完全跟孩子相處，這就是從行為上拒絕了『喪偶
式育兒』啊。」一聽這個「說法」，很多人連連搖頭。有人會
說，她丈夫真的是什麼都做不好；有人會說：「我要是真不管
了，我們家就散了。」

　　不管是「不想顯得冷漠」，還是覺得「我不做就不行」，
這背後都有一種心理，就是你覺得自己必須多做一點，如果
自己不做、拒絕，就無法體現自我價值，你和對方之間的關
係也許就會崩壞──這些念頭讓我們充滿恐懼，止步不前。

　　看到了嗎？非合作思維又出現了──把合作當結果。如果
你拒絕對方，你們的關係和合作就會崩塌──影響力的底層
邏輯在很多時候都很有效。但是，如果我告訴你，蜜雪兒‧
歐巴馬通過拒絕和不配合丈夫，收獲了更和諧的夫妻關係，
你會不會感到很驚訝？

　　我們知道，在歐巴馬競選總統期間，蜜雪兒四處演講為
丈夫拉選票，全力支持丈夫的工作。其實有一段時間，蜜雪
兒對歐巴馬的工作狀態很不滿，因為在歐巴馬做了州參議員
後，他的繁忙程度已經讓蜜雪兒無法忍受。蜜雪兒在她的自
傳裡這樣寫道：

　　歐巴馬一貫不守時。他打電話來報告說他做完工作終於可以回家時，我能聽出他的興奮，我理解他完全是出於好意說「我在路上了」或者「快到家了」。有段時間，我把這些話當真了，我給女兒們洗澡，推遲她們上床睡覺的時間，等著爸爸回來給她們一個擁抱；或者我讓孩子們吃完晚飯，哄她們睡覺，而我先不吃，點上幾根蠟燭，期待著等他回來一起吃。

　　但是，結果經常是這樣的：女兒們等爸爸等得眼皮都開始打架了。沒辦法，蜜雪兒只能先讓孩子上床睡覺。餓著肚子的蜜雪兒眼看著點燃的蠟燭在桌上滴成一攤，丈夫卻還是沒有回家，於是她只好生著悶氣去睡覺。她發現「我在路上了」不過是丈夫一貫的樂觀主義表達，只是表示他著急回家，但並不能表示他真正到家的時間。「快到家了」不是一個地理定位，而是一種心態。有時他在路上了，但是需要停下來和某個同事談 15 分鐘的話，然後才上車往回趕；有時他快到家了，但是忘了提一句，他需要先去健身房快速地鍛煉一下。

　　這導致他們的夫妻關係陷入危機。

　　聽著有點耳熟對不對？這種情況其實也發生在我們每個

人的生活中。在我們有孩子之前，這些可能都是小事；但是有了孩子後，需要安排的事情開始變多。特別是如果像蜜雪兒一樣做全職媽媽，伴侶有一半時間不在家，自己還要天不亮就起床，不管誰都會覺得自己的耐心在慢慢消失，怨氣積壓到某個臨界點，或許就會「爆炸」。

歐巴馬夫婦也是一樣。蜜雪兒說：「當歐巴馬回到家後，我要麼衝他發脾氣，要麼他見不到我──因為我已經關掉家裡的每一盞燈，悶悶不樂地睡覺去了。在家裡，我們開始頻繁且激烈地爭吵。我們深愛彼此，但是在我們的關係中，好像突然出現了一個解不開的結。我當時

38 歲了，看到了其他人婚姻解體的狀況，這讓我想要捍衛我們的婚姻。我的好友經歷了讓人崩潰的分手，起因都是些小問題，由於沒有重視和缺乏溝通，最終形成了兩人無法修補的裂痕。」蜜雪兒心裡充滿了委屈，她開始意識到這些問題。

很多朋友會覺得：「這很難啊，歐巴馬那麼忙，能有什麼辦法呢？我也處於這種『喪偶式育兒』模式之中，我的丈夫經常不在家，能怎麼辦呢？只能『要麼忍，要麼滾』──要麼我壓抑自己的需求滿足你；要麼就是你克服困難滿足我；如果滿足不了，我們就一拍兩散。」

　　這是在非合作思維下的思維認知：你不敢拒絕別人，認為合作就是不停滿足別人的要求，否則合作關係就會斷裂。這不是合作，因為合作的前提是，我們要共同完成一件事情。不是「你」，不是「我」，而是「我們」。這裡的雙方，少任何一方也不行。

　　我們之前一直在講，要傾聽別人、要共情別人，但現在我想請你把目光收回到自己身上。因為你也是合作關係中的1/2，如果連你自己都沒有動力、沒有快樂，你怎麼可能有能量去傾聽別人，與他人進行好的合作呢？

　　那麼，蜜雪兒後來是怎樣做的呢？

　　在參加了心理諮商後，蜜雪兒意識到，她首先要做的是讓自己開心，而且她有辦法讓自己更開心。她發現，當她處於委屈的狀態時，她的表現是，「一直在給自己最消極的部分火上澆油，覺得一切都不公平，然後像一個哈佛大學培養的律師一樣，千方百計地搜尋證據來支持這一假想」。她漸漸意識到：

　　「也許我可以比以往做更多事情，讓自己開心起來。我總是責怪我的丈夫把健身這一項加進他的日程表裡，卻沒想過我自己的健身計劃。我耗費了太多精力為他能否趕回家吃晚

飯而煩惱，結果不管他在與不在，吃飯本身已經不再有趣。」

　　在回家吃飯這個難題上，蜜雪兒制定了更適合她和女兒們的新規矩——她們定下時間表，然後嚴格遵守。她們每天的晚飯時間是下午 6 點 30 分，洗澡在 7 點，接著是讀書、擁抱，之後在 8 點熄燈睡覺。這個作息表是雷打不動的。這麼一來，和女兒們親密接觸的責任就放在了歐巴馬身上，他要麼趕得上，要麼趕不上——「如果爸爸想見到女兒，那就要早點回家」。

　　蜜雪兒在書裡寫道：「對我來說，這比推遲晚飯時間或者讓女兒們一邊打瞌睡一邊等著和爸爸擁抱要合情合理得多。這回到了我對她們的期望上——我希望她們長大後內心強大、關注自己的需求、不容忍任何形式的男權政治。我不想讓她們認為生活就是要等男人回到家才開始的。我要讓女兒們知道，我們不等爸爸，而是他需要趕上我們的時間。」

　　當我看到這段描述的時候，我被蜜雪兒散發出來的魅力給觸動了——這是一種獨立且從容的魅力，也是我認同的女性影響力。我們不需要揭竿而起，也不需要對抗爭吵，我們只需要看到最本質的問題——我們在共同維護這個家，所以我不會一味妥協，我也要有自己的生活節奏。這才是維護這

個家更好的方式。

先有這樣的意識，然後做出相應的舉動，哪怕這個舉動是拒絕。蜜雪兒說：「沒想到我做的這些調整幫助了我，也幫助了我們一家

人。」蜜雪兒開始有一種愉悅且輕鬆的堅定，而非抱怨式的、讓人有壓力的——我們有時候意識不到，其實那種悲憤的壓力有時反而會推開對方。

歐巴馬感覺到了這些變化，結果呢？拚命準時趕回家變成了他每天的目標。有時，拒絕是為了更好地合作。

影響力，是用別人樂於接受的方式改變別人的行為。若想用別人樂於接受的方式影響他們，首先你自己要處於一個愉悅的、想主動達成目標的狀態。不要一味委屈自己、學會說「不」，是發揮影響力的一個重要前提。

這個前提的背後就是合作思維，即合作是一切的起點。在合作關係裡，雙方都要找到自己的支點，照顧到自己的需求。

在本書裡，我用了很多名人案例，也許你會覺得他們都高高在上，跟我們的實際生活距離太遠了。但恰恰是這樣，我才要用名人案例，我要大家跟我一起正視一個問題：我們認為的名人，也都是從無數個「坑」裡爬起來的，沒有誰天

生就是影響力「爆棚」的人。或許是因為偶然的機會，他們獲得了某些靈感，想通了一些問題，在那些時刻，他們便擁有了影響力。

但是，靠偶然活著的人生太不可控了，所以我們需要分析提取底層的方法論，把偶然變成必然。

我在工作中常常要接收來自公司內每個部門和公司外很多合作方的需求，拒絕是我的一個日常課題。他們都希望能得到來自老闆的支持，但如果我滿足他們的每一個需求，顯然是不可能顧得過來的。而且，當我在極大的壓力下時，不僅休息不好，也會做出很多錯誤的決策，這對工作更不利。所以我經常說的一句話是「這個需求我不能滿足你」，然後我會給他一些建議，比如找誰更合適，或者怎麼優化現在的工作。

拒絕別人，對我來說是一件坦然的事。因為我知道，我這樣做是為了更好的合作，拒絕是一件自然而然、可以談論的事情。這種姿態，也會影響到坐在我對面的人——我會跟他很坦然地解釋，我們既然是合作關係，那不管是拒絕還是答應，都是為了實現我們的目標。

人與人之間的關係，就這樣流動起來了。

回顧

我們之所以不敢拒絕，是因為被非合作思維控制了——首先是心理層面上不敢，覺得如果拒絕對方就完了，我們的關係就崩了。如果擁有合作思維，我們就會意識到，我們不會為了拒絕而拒絕，拒絕其實是為了更好的合作。

第 17 章

「接一半，扔一半」，
利用「黑色想像」巧妙拒絕

我們對拒絕往往有一種「黑色想像」，

以為拒絕對方，

兩人的關係就完了。

實際上，你可以有條件地接受對方的需求，

拒絕需要拒絕的部分，

開拓更多的可能性。

我們之所以不敢拒絕，往往是因為在非合作思維下，我們在心理層面對拒絕有一種「黑色想像」，覺得如果拒絕對方，關係就完了、就崩了。但轉化到合作思維後，這種黑色想像就會被消解，因為你知道你所想像的不是真的，那只是你的念頭，不是事實。

　　但也有些朋友會覺得：「那是因為你們的內心都比較強大，我雖然知道要有合作思維、要照顧到自己的需求才能更好地合作，但對方一坐到我面前，我就會習慣性說『是的是的』『好的好的』。我覺得我要是說了『不』，很多事情都會搞不定了。我滿腦子都是黑色想像。」

　　那乾脆就讓我們利用這種黑色想像，來實現更好的拒絕。

　　怎麼利用呢？我們先來想像一下，如果不拒絕他的要求會怎麼樣，想得越仔細越好。

　　舉個例子：我經常會面對一些活動邀請，拒絕就是一個躲不開的選項。我曾接到過一個講課邀請，演講地點在一個著名的度假村，邀請者是我的一位前輩。當時我的確很為難，一方面我跟她關係不錯，覺得如果拒絕了對方，會讓人覺得我不給面子，不好相處。你看，我們不敢拒絕別人，很多時候是有目的性的，是希望別人認為自己是個好人。另一方面，我也覺得大家都在創業，還是應該盡量互相幫助。

我回覆對方說，「我要安排一下」，其實是因為我沒法開口說「不」。但活動那幾天的前後，我都排滿了出差日程，調整時間很困難。為了決定是否答應這次邀約，我用了黑色想像的辦法：如果我答應了，就意味著我要在前一天活動結束時，馬上搭 3 個小時的車趕到度假村，而且需要在深夜開車上高速，這樣不僅不安全，而且到了講課地點已經是凌晨。第二天一早講課，我的精神狀態肯定會很差，勢必影響講課效果。

同時，那段時間我要集中精力交付一個課程，連續出差會打亂交付節奏，因為課程更新時間已經對外公布，不能延遲。這就意味著我要用額外熬夜的時間去完成課程——這是最難承受的。我需要保持足夠的精力，才能應對公司的多項決策和白天超大的工作量。

這麼一想，拒絕的勇氣自然而然地生長出來。我跟前輩說了「不」，也解釋了原因，同時提出了下次合作的可能。整個過程一氣呵成，不卑不亢，對方也表示理解。沒想到，黑色想像帶來的恐懼，竟然變成了我的勇氣。

其實，仔細觀察你就會發現，我們天生就有通過說「不」來保護自己的能力：我們會自動躲開危險的事物、拒絕腐壞的食物，因為我們知道這些東西有害。身邊的小孩子輕易就

可以把「不」說出口——「我不吃胡蘿蔔！我不想讓你玩我的玩具！」

所以，不要輕易覺得自己就是一個老好人，就是懦弱，沒辦法拒絕別人。說「不」是我們與生俱來的本領，別因為陷入做一個「爛好人」的執念，忘記了自己天生的能力。

美國著名的脫口秀主持人歐普拉・溫芙蕾（Oprah Winfrey）也曾是一個「老好人」，她在《關於人生，我確實知道》（What I Know for Sure）中，講述了自己的經歷。因為她在美國很有影響力，所以很多人找她幫忙，請她支持慈善工作。大家都把她看作慷慨大方、善解人意的人。而她通常都會答應，因為她擔心別人覺得她不做公益，就不是一個「好人」。但是在寫了一張又一張人情支票後，她越來越疲憊不堪，她不知道自己真正想要給予別人的是什麼，好像她是在被逼迫之下做了這些事，並非自願。

結果，她被這種討好型人格所吞噬，常常連她自己還沒反應過來，「好」這個字就已經脫口而出了。為了努力滿足別人的需求，為了讓自己看上去溫和友善，歐普拉把自己累得半死。

有一次，歐普拉接到一位名人的電話，他希望歐普拉能為他的慈善組織捐款，並且他提出的善款數額巨大。歐普拉

這一次沒有馬上答應，而是說自己得考慮一下。

之後，她問了自己幾個問題：「第一，我為什麼會去捐錢？只因為我不想讓這個人覺得我小氣。你看，不敢拒絕是有目的性的。看到這個目的，你就會意識到，這個目的可能是片面的。第二，這是不是我真正相信的一個慈善活動？不。所以，如果我為了讓自己成為一個『好人』，有可能會捐出一筆錢，給到並不可靠的慈善機構，這不僅會讓我損失金錢，而且會傷害公眾對慈善的信任感。」

想到這裡，她堅定地拒絕了。

那之後她寫下一段話，並把這段話放在自己的桌子上：「我以後再也不會為別人做任何事，除非我打心底裡願意這麼做。我再也不會去參加會議、打電話、寫一封信、贊助或參加任何活動，除非我的內心在大喊著『好』！我將按照『做真實的自己』這個意願來行動。」

想清楚不拒絕的真實目的，之後借助黑色想像的背面，就能讓拒絕變成一件不那麼困難的事。

我那位很厲害的心理諮商師朋友 W 也常用黑色想像的背面幫助來訪者解決問題。有一次，一位來訪者說，她不喜歡現在的工作，因為她做的是例行公事，唯一的好處是待遇還不錯。與此同時，有一份讓她很動心的工作，但是在一家創

業公司，薪水不高，前途未卜。這讓她和家人都很糾結要不要換工作：如果給的工資一樣，她肯定會立刻換，但現在薪酬條件上並不符合她的預期。她很為難，希望得到一些指點。

這是很典型的職場決策問題。你心有所向，但是現實讓你很難選擇。

W 聽出了來訪者的態度，便對她說：「就算我建議你換工作，你也不會聽吧。」她自嘲，說自己被錢捆綁住了。W 說：「錢是很重要。你算一下兩份工作的年薪，大概相差多少？」來訪者說，之後的職業發展前景不確定，如果只以第一年來說，相差大概有 5 萬元。

於是，W 給出了這樣的建議：「那我建議你不要換工作了。但是你要寫一句話，讓自己記住，最好貼在牆上或者你可以經常看見的地方，這樣你以後懷疑自己的選擇時，可以隨時抬頭看到。」

她問是什麼話。

「你就寫──『我用現在的人生，多換了 5 萬元。我覺得值得！』」過了幾個月，她告訴 W，她換工作了。

本來很難做的決定，在寫出那句話之後卻變得很輕鬆。因為她發現：要用 5 萬元換掉自己的人生，對自己來說並不「划算」。因為有了 5 萬元的收入差距，她開始認真想像這 5

萬元換掉的是什麼──是在創業公司充滿挑戰的工作。在那些挑戰下，每天她都會過得很充實，她會有跟現在完全不一樣的成長機會。不斷想像失去這些，再回頭看現在的生活，她忽然就輕鬆了：「不就是 5 萬元嘛。一年多 5 萬少 5 萬，有什麼大不了的！」

領悟到這一點，她立刻就獲得了更大的自由。面對朋友的請求和老闆安排的新任務，我們也可以通過黑色想像──「如果不拒絕，會發生什麼」，知道另一種可能，知道什麼時候我們會做出不一樣的選擇──就是當它的價值高於 5 萬元的時候。

獲得拒絕的勇氣，並不意味著我們只要大大咧咧地扔出一個「不」字就行了，如何表達拒絕也很重要。人際關係的一個準則是，如果你希望別人怎麼對待你，你就應該怎麼對待別人。當你向別人求助的時候，有時你不會希望得到一個乾脆利落的「不」，你希望得到的是支持。支持有很多類型，得體的拒絕也能給到支持。

我常用的拒絕方法是，「接一半，扔一半」。它分為兩種，一種是只接受一部分。比如，同事找你周末加班一起做方案，你可以說：「不好意思，我周末有事，拿不出那麼多時間，但是我可以把其中我負責的那部分數據做好給你。」這

樣，你只接住了他的部分需求，而且沒有和自己的行程發生衝突。

另一種是有條件地接受：在某些特定條件下，我可以接受你的需求。比如，年初，產品部主管向我提出要繼續出一門音頻課程。她提了一個我非常感興趣的選題：影響力。但是因為要管理公司、開拓新業務，所以我沒有那麼多時間。在黑色想像之後，我意識到，如果一口答應下來，不僅會打亂整個工作節奏，而且很有可能因為我的時間拖累這個業務組。所以，經過權衡之後，我很堅定地拒絕了原有的合作方式，同時提出了一個要求——我可以做新課，但是我有兩個條件：

1. 要做充分的宣傳方案，把這門課做到我滿意的銷量；
2. 幫我組建一個小團隊，來協助我完成調研、控制業務節奏等事情，節省我的時間。

於是，就有了這本書。

有條件地接受，其實是為了保證自己的能動性：加入了我自己的意願，我就會更主動、更願意去做。這也是合作思維的體現。這樣的互動不僅高效坦誠，而且你想像中的「一

切會崩塌」也不會發生，反倒有可能讓你們共同開拓出更多的可能性。

得體高效的溝通，其背後的心法仍是合作思維。因為你相信我們是合作關係，你相信我們有共同的目標，所以「拒絕別人」的你就會放鬆下來。只要你放鬆了，對方也會跟著放鬆。這是合作關係中最奇妙的地方——你們因為彼此，發展出了更好的自己。

最後講個關於美國總統林肯「拒絕」的故事。林肯口才很好，也很幽默。有一次，一位女士要求林肯總統把她的兒子晉升到上校的職位，她理直氣壯地說：「因為我的祖父參加過萊辛頓和康科德戰役（美國獨立戰爭第一戰），我的叔父是布拉頓斯堡戰役中唯一沒有逃跑的人，我的父親還參加過納奧林斯戰役，我丈夫是在曼特萊戰死的……所以……」聽上去林肯簡直沒辦法拒絕她的要求——要是拒絕了這樣的家族，良心何安？

那麼，林肯是怎麼做的呢？他耐心聽這位女士講完一切，然後對她說：「夫人，你們一家三代為國服務，對於國家的貢獻實在太多了，我深表敬意！現在，您看能不能給別人一個報效國家的機會呢？」

你看，拒絕別人也可以如此幽默。幽默是最高的智慧。

幽默的前提，便是你有足夠的安全感。

　　很多朋友可能覺得我是一個非常善於處理「拒絕」問題的人，其實不然，幾年前我還是一個很難開口拒絕別人的人。我之前經常遇到的情況是：晚上和合作方吃飯，並且答應了兒子晚上 8 點要回家。可是已經 9 點了，大家還在聊。在這種情況下，我會不停地看手表。對方會問：「你有事嗎？有事你可以先回去啊。」我想都沒想就搖頭：「沒有沒有。」後來我不斷感悟到，人生的很多煩惱都在於「yes」說得太快，而「no」說得太慢。合作思維給了我很大的支持，現在我會很輕鬆地說：「時間差不多啦，那咱們今天就先到這裡吧。」其實，拒絕只需簡簡單單的一句話而已，但這背後，我卻辛苦地走了很多年。這些走過的路，正是我認為的「成長」。

回顧

這一章講的是與合作式拒絕相關的理論和方法。其中，我講到了無法拒絕的原因：在非合作思維下，我們認為只有答應別人的一切需求，才能維持合作關係。而合作思維告訴我們，拒絕有可能帶來更好

的合作。

在方法論部分，我們分享了黑色想像的背面。想像
一下不拒絕會給你帶來的威脅，可以幫助你更高效
地做出拒絕這個決定；同時，在表達時，你可以接
一個需求再放一個需求，給到對方足夠的支持。

做到這些，你就已經足夠放鬆了。人在放鬆的時
候，靈感便會不斷出現。同時，你也可以用幽默的
方式拒絕別人。

希望你今天因為拒絕，收穫到更好的關係。

第 18 章

逆向影響力：
衝突不是合作的終點

有影響力的人，

在面對難以解決的衝突時會挺身而出，

因為他們深知：

衝突本身就是合作的一部分，

拒絕衝突就是拒絕合作。

從這一章開始，我們進入影響力的最後一個話題：面對衝突。

衝突在人際溝通中並不是經常發生的，但它在人際溝通中承擔著具有轉折作用的重要角色。

我有一位前輩前幾天匆匆忙忙約我見面。她在職場上乾脆利落，事業成功，一般都是別人請她幫忙。我還疑惑呢，這麼著急找我是為什麼。見面一問，原來是為她的家人。她丈夫和女兒之間的關係一直都不是很好，最近兩人已經到了一句話都不說的地步。其實兩個人心裡對彼此都有很多情緒，但是他們都憋著，誰也不說。用這位前輩的話說：

「這兩個人都特別害怕衝突。」

衝突是人際關係中相對複雜的情況。沒有人喜歡發生衝突，因為我們擔心衝突過程中的失控，害怕面對衝突的結果。我們秉持著「惹不起我就躲」的態度，極力壓抑自己，逃避問題。但逃避並不會讓衝突消失。不管是逃避還是爭吵，都不是應對衝突最好的方式。

你有沒有發現？那些擅長應對衝突的人，通常都擁有較大的影響力。

《關鍵對話》這本書裡講過一個與影響力和衝突緊密相關的故事。作者凱瑞・派特森和他的團隊花了 25 年時間，調查

了 2 萬多名企業員工和管理者，請他們說出企業中最有影響力、在處理問題方面最能幹的同事。他們要尋找的目標是比常人更有影響力的意見領袖，所以那些名字被提到一兩次或者五六次的人雖然也擁有影響力，但並不能成為研究對象。因為影響力是一個狀態，而不是偶然幾次的行為。

研究小組從統計中發現，有一小部分人的名字被提到 30 多次，於是開始對他們進行深入研究。你可能以為這些人大部分是管理者，或者是那些有權力地位的人。出乎意料的是，他們中的多數人只是普通員工。也就是說，被人認為最有影響力的人，有可能就是我們身邊的某一個普通同事。

研究者分析了這些人的共性，得出一個結論：他們有影響力的地方在於，他們總能在難以解決的衝突面前表現得更好。凱文就是其中一個，他的言行被當成典型詳細記錄了下來。

一開始，凱文並沒有什麼特別的表現，他也像其他同事一樣接電話、和下屬談工作，每天都重複同樣的工作。在跟蹤了凱文差不多一周之後，研究人員甚至開始懷疑人們對凱文的推崇，因為他們感覺不到凱文的與眾不同。就在這時，凱文在一次公司會議上的表現引起了研究人員的關注。在那次會議上，凱文和同事還有公司老闆一起討論選擇新辦公室

搬遷地點的問題：應該在另一個城市、另一個州，還是另一個國家建立新辦公室？這是一個非常重要的決定，涉及公司的各個層面，任何細節都馬虎不得，任何結論都必須反復推敲。

這時，公司 CEO 克里斯提出了自己的看法，但他的想法聽上去不僅不受大家認可，而且很可能給公司帶來巨大的麻煩——他的建議牽扯到公司上下游的合作方、大量員工的搬遷等問題。在場的人第一反應都是試著提出反對意見，但克里斯對這些否定意見表現得有些反感。書裡這樣描寫克里斯的動作和神情，以及大家的反應：

「他（克里斯）揚揚眉毛，然後舉起了手指，最後甚至提高了語調。雖然只是升高了一點點語調，但是大家很快就意識到問題了，沒人再表示質疑，於是克里斯的方案靜悄悄地得到了一致通過。」

這種場景是不是特別常見？在職場上，權威一旦提高聲調，很多人就咽下了自己本想要發出的聲音。由於害怕發生衝突，乾脆息事寧人。就在這個時候，凱文說話了。他說得很簡單：「克里斯，我能和你討論一個問題嗎？」這一句簡單

的話，卻把會議室的人嚇了一跳，大家連大氣都不敢出。可凱文並不在乎同事們的反應，繼續表達自己的看法。接下來的幾分鐘，他指出克里斯的做法違反了公司制定的決策流程，他在利用權力，企圖讓新的辦公室建在自己的家鄉。在講述這些內容時，凱文的語氣很平淡，就像是在討論中午去哪裡吃飯一樣。

凱文說完之後，克里斯沉默了一會兒。就是這麼幾分鐘，也可能只有幾十秒，很多在場同事緊張到冒汗，他們想像著一場一觸即發的戰爭。沒想到克里斯點點頭說：「你說的沒錯，我剛才的想法確實不妥，我是在向你們強加自己的觀點。好吧，讓我們重新討論這個問題。」

在面對衝突的關鍵時刻，凱文沒有回避和沉默，而是坦誠、不帶攻擊性地向老闆表達了自己的意見。會議的最終結果是，大家選擇出了一個理想的方案，而老闆克里斯對凱文的直言不諱也表示了由衷的讚賞。這個故事讓我聽得很過癮──如此劍拔弩張的情境，竟然都能被凱

文化解，他太厲害了！

現在假設我們有一個回放鍵，把你置身於那個關鍵時刻。老闆克里斯面對質疑開始防衛了：他提高了音量，繃緊了面部線條，開始掃視每個人的臉。雖然你知道後面的劇

情，只要像凱文一樣表達出自己的觀點，老闆的態度就會被扭轉。那麼，你會做出和凱文一樣的舉動嗎？

我拿這個假想的題目問了好幾個朋友，他們猶豫了一會兒，紛紛表示：哪怕預知了結局，但在應對關鍵衝突的那一瞬間，大多數人還是無法像凱文這樣做。有人說，在那種緊張的氛圍下，他的大腦會一片空白，根本沒辦法思考；等自己緩過來，最佳的溝通時機有可能早就過去了。他常常感到後悔，後悔自己當時沒有勇氣，自己當時應該這麼說那麼說。

《關鍵衝突》一書中指出，衝突剛開始的半分鐘為「關鍵30秒」，整個衝突過程的氣氛和最終結果通常都是在這個時間段內確定的。多數時候，我們在這30秒裡就像是中了《哈利波特》裡的定身咒，動彈不得，不受自己控制。這到底是怎麼回事？

這個現象在《快思慢想》（Thinking, Fast and Slow）這本書裡有很詳細的解釋，這本書的作者是著名心理學家丹尼爾·康納曼（Daniel Kahneman）。康納曼認為，我們大腦中有兩個系統：「系統1」和「系統2」。「系統1」的運行是快速的、無意識的、自發的；而「系統2」需要我們刻意投注注意力，它進行的是理性的思考和決策。粗略地說，「系統1」是直覺

反應，「系統 2」是理性思考。第 7 章裡我寫過「杏仁核綁架」，其中一個應對方法就是從杏仁核

　　頻道切換到前額葉頻道，而杏仁核就是「系統 1」的一部分。在我們被激烈批評的時候，杏仁核發出的戰鬥或逃跑的信號，就是快速的、無意識的、自發的，而我們需要切換到的前額葉頻道屬於「系統 2」。前額葉就是負責理性思考的大腦區域。在我們現在講的衝突環境中，起作用的是「系統 1」中負責緊張和恐懼的那部分大腦區域。

　　設想一下你剛考完駕照，第一次上路，正好在城市中心的十字路口等待紅燈過去。可就在綠燈亮起的一剎那，你發覺車子熄火了。後面的第 2 輛車、第 3 輛車，甚至第 8 輛車都按起了喇叭，交通警察的眼神開

　　始向你投注過來。這個時候，你會怎麼反應呢？在那 5 秒中，你多半大腦一片空白，不知所措。即使有所行動，你也是顛三倒四地瘋狂操作一番檔位、啟動鍵、手剎，最後還要慶幸沒把油門和剎車都踩錯。

　　如果讓你把當時的這段反應錄下來，然後回看，你可能會拒絕承認裡面的人是自己：「不不，這不是我！我怎麼可能那麼蠢！這不是 2 秒鐘就能搞定的事嗎？我當時在幹什麼啊？」

從某種意義上來說，發表評論的你和當時坐在車上的你並不是同一個「你」：發表評論的你是那個能理性分析、冷靜思考、穩健行動的「系統 2」，而當時車上坐的你是那個快速無意識自發反應、被焦慮和恐懼捆住手腳的「系統 1」。

這就是我們的生理和心理常態——緊張的時候「系統 1」就會被激發，無論是坐在駕駛座上，還是坐在凱文所在的會議室裡。

既然面對衝突的時候，我們會因為進入「系統 1」而錯過那關鍵 30 秒，而且「系統 1」又不受我們控制，那麼我們能做些什麼呢？那些冷靜應對衝突的人，比如說凱文，又是怎麼做到克服「系統 1」的呢？

在回答這個問題之前，我要問的是，如果你是一位有十幾年駕齡的出租車司機，當你遇到我前面講的那個熄火狀況，你還會那麼反應嗎？

我記得自己很小時坐電車的場景。那時的電車還是有兩個「辮子」的電車，「辮子」連著兩根輸電線，有的時候「辮子」會從電線上脫開，司機就需要下車到車尾拽一下後面的纜繩，把「辮子」對準電線並放回原位。有一次我坐電車，突然電車的「辮子」掉下來了，導致公車在上班高峰段的十字路口熄火停住了。後面的車喇叭聲已經響了起來。那個時

刻，我作為一個乘客都進入「系統 1」了，但電車司機是怎麼表現的呢？只見司機大伯開門、下車、跑到車後、拽繩、復位、上車、關門、啟動、打擋、踩油門、打方向盤──整套操作行雲流水，不僅在 10 秒內全部做完，而且司機大伯神態自如。我現在回想起來，仍歷歷在目。贊嘆之餘，我不禁思考，他是怎麼做到的？他是怎麼擺脫「系統 1」的定身咒的呢？

有人說，因為他遇到的電線脫軌次數太多了，熟練了。當然這是一個原因，但是我們也遇到過很多發生衝突的場景，為什麼經驗沒有幫助我們呢？

在能夠熟練操作之前，一定是某種刻意訓練讓這位司機大伯能夠開始應對自己的「系統 1」，這種訓練應該是他的師傅曾經教他的口訣（我們知道每個公車司機都有位師父）。碰到電軌脫落，記住口訣：一是什麼，二是什麼，三是什麼。有了這個口訣，然後是模擬訓練、實戰訓練，再然後才是逐漸熟練。「系統 1」占領大腦的時間在熟練的過程中會慢慢縮短。

這個口訣成了一切的開始，那麼這個神奇的口訣本質上是什麼呢？就是冷靜的理性思維──屬於「系統 2」的理性思維，需要刻意練習的理性思維。

　　這種理性思維在公車司機那裡可能是個口訣，在我們應對衝突的時候又是什麼呢？當然是合作思維。讓我們再次把自己投入凱文的角色。當老闆提高音量，詢問是否有人反對，並且會議室安靜得就像有一塊巨石壓下來的時候，「系統1」已固定住了你。在恐懼和焦慮之下，你的腦海裡有一段發給自己的資訊：「別說話！亂說話你就死定了！」你認為衝突是合作的墳墓。這句話和「系統1」同頻共振，把你死死箍在了座位上。

　　可是，衝突真的是合作的墳墓嗎？

　　有些管理書會警告管理者：企業高級主管應當盡量避免互相衝突，尤其不要在員工面前公開衝突，因為這會極大地打擊士氣。但是，《網飛文化手冊》裡卻講了一個與這個原則完全相反的故事。這個故事的主角是網飛公司的 CEO 里德・哈斯廷斯（Reed Hastings）和前高級主管威勒瑞。當時，他們在一場大約有 35 人出席的會議上起了爭執，哈斯廷斯支持其中一個方案，而威勒瑞覺得另一個方案更好。他們倆在一大堆人面前開展了一場激烈的爭論。後來，哈斯廷斯同意威勒瑞和他的團隊通過模擬測驗來判斷到底哪一種方案更好。最終的數據顯示威勒瑞是對的，於是哈斯廷斯公開宣布說：「我之前並不認同威勒瑞的觀點，但他是對的，幹得不錯！」

　　衝突幫助他們做出了更好的決策，而且沒有破壞他們二人的關係。哈斯廷斯事後可以坦坦蕩蕩地說：「他是對的，幹得不錯！」而威勒瑞也對哈斯廷斯的大度讚不絕口。

　　美國頂級 CEO 培訓教練邁克‧米亞特（Mike Myatt）在談到衝突和領導力時說，衝突和領導力是相伴而行的。我們也可以說，衝突和合作是相伴而行的。在英文中，這個表述是：「Cooperation and conflict go hand-in-hand.」直譯過來就是：「合作和衝突手牽手。」

　　我很喜歡這種形象化的感覺──合作和衝突就像朋友一樣，手牽手帶領我們一起往前走。衝突不是合作的終點，衝突本身就是合作的一部分。我們甚至可以這樣說：拒絕衝突，就是拒絕合作。

　　既然工作就是合作，那麼處理衝突就是我們的日常工作。

　　在應對衝突時，「這是我的工作」這七個字是一個幫助我們喚醒「系統 2」的不二法寶。這七個字當然不能馬上讓你擺脫「系統 1」，因為「系統 1」是生理常態。可是當衝突來的時候，當你被「系統 1」綁住的時候，請使用這個口訣，它會讓你的「系統 2」快速啟動：「這是我的工作，所以我要這麼說、這麼做。我試試看。」當我們想到這是工作的時候，你不會跑、不會逃，你的那個理性冷靜的「系統 2」會被啟動並開

始運作。你的「系統 2」其實知道該怎麼做，你缺的只是一個讓它啟動的動作。「這是我的工作」就是這個啟動按鈕。

這七個字也是解除「系統 1」定身咒的口訣。一開始，它可能會讓「系統 1」的維持縮短 1 秒，第二次再縮短 1 秒。隨著口訣越練越熟，隨著你突破「系統 1」、正視衝突的經驗越來越豐富，你對定身咒的免疫力也會越來越強，越來越能夠利用關鍵 30 秒，也越來越接近凱文和電車老司機的境界。

有時，你甚至都不需要用太多方法，只需正視衝突本身，衝突就會自然解決。只要能把大家拉到一起，去面對那個衝突，問題就解決了一大半。在 IBM 就曾發生過這樣的事情。

IBM 是世界 500 大公司，也是全球最大的資訊技術和業務解決方案公司。20 世紀 90 年代，IBM 進行了內部部門的重組，跟組織架構一起升級的，是他們的跨部門衝突。這種情況非常普遍，我也經常遇到——每次公司進行架構調整，一定會遭遇員工關係緊張的局面，因為架構調整牽動了很多人的既得利益，也強行改變了很多員工的工作習慣，所以我也很能理解大家的抵觸情緒。這個時候，如何解決問題就很關鍵了。

IBM 是怎麼做的呢？為了解決這些問題，他們設立了一

個工作坊，叫作「市場增長工作坊」。這個工作坊的目的，就是把有衝突的各方拉到一起，面對面說明和解決衝突。

一個處理跨部門衝突的工作坊，為什麼要叫「市場增長工作坊」呢？實際上，這個名字是工作人員精心挑選的，旨在讓大家感受到解決跨部門衝突與滿足消費者需求和增加公司市場份額是息息相關的。這個工作坊一個月開一次。開會時，管理者、推銷員、技術專家都被拉到一張桌子前面坐下來，共同討論和解決跨部門的衝突和問題。

現在看來，這個主意很不錯，但一開始這個工作坊並沒有受到重視，很多管理人員並不認可，也不想參加。這和我們平時的工作場景很像——很多時候，我們對待衝突的態度就是回避。要跟有衝突的人坐下來溝通，這對很多人來說的確很困難。

怎麼辦呢？IBM 開發了一個特別簡單的模板，方便管理者提前寫好並分析他們當時正面臨的跨部門溝通難題。這招很管用，它能引導管理者去正視問題和描述問題。大多數時候，當人們聚在一起，把問題清清楚楚地說出來時，就已經取得了巨大進展。

用這種方式，市場增長工作坊解決了很多複雜的難題，並且真的促進了市場份額的增長。參與者也發現，原來只要

去面對衝突，就會有效果。他們嘗到了甜頭，於是越來越積極，把工作坊當成梳理問題和解決問題的好機會。

讓衝突雙方坐到一起，把衝突擺到檯面上來，正是解決衝突的好辦法。

另一個把衝突雙方放到一起的故事，也讓人印象深刻。金潔・葛拉漢（Ginger Graham）是亞培（Abbott）的子公司CEO。亞培是一家美國上市公司，也是一家有 72000 多人的跨國公司，其主要業務是製藥和醫療器械。

這個故事發生在 1993 年，當時金潔所在的公司面臨著很大的管理難題——員工士氣不佳，從事研究的專業人員和製造廠的工人之間也矛盾不斷。金潔為此做了些什麼呢？她給每位公司的高層管理者都配了一名教練。這算是很正常的思路吧，雖然有點奢侈，但也在情理之中。但是，你猜這些教練是誰呢？是經驗豐富的管理學家，還是知識豐

富的研究專家呢？都不是，出乎意料的是，這些高層員工的教練都是公司的一線員工。金潔自己的教練，是一位在碼頭工作的工人。這招厲害之處就在於，金潔把衝突雙方用這種規則拉到了一起。

衝突真正開始被解決的時刻，是衝突雙方沒有任何一方回避，徹底正面接觸的時刻。如果像 IBM 那樣，把大家拉到

會議室倒也可以，只是你把碼頭工人拉進會議室，一本正經地討論領導力問題，總會讓人覺得很不實際。相反，讓一線員工與高層管理者當面一對一，反而能讓他們彼此有更深度的交流。

在後來的幾個月中，金潔深刻地了解到一線員工對公司領導層有多麼疏遠和不滿，其他高級主管也都發現了一系列的問題，而這些問題如果不和一線員工深度交流的話，高層管理者是不可能得知的。

那段時間，員工間的爭吵時有發生，密切的交往暴露出了更多的問題。而從規則來說，作為教練，一線員工有義務幫助高級主管解決這些衝突。他們有了更深度的衝突，也因此有了更深度的合作。

有勇氣實施這樣的舉措很不容易，公司管理者要擔負著「萬一鬧僵了，萬一矛盾激化了，怎麼辦」的壓力，這背後一定要有一個堅定的信念作為支撐：我們是在合作。我們堅信我們是合作關係，並且正在共同解決這個問題，如此一來，衝突就變得沒那麼可怕，甚至非常必要。

衝突不是合作的終點，衝突本身就是合作的一部分。請記住這句話：「拒絕衝突，就是拒絕合作。」處理衝突就是我們的日常工作。這可能是我們每一個職場人，特別是管理

者，必須掌握的一個管理理念。問題不會因為逃避而消失，我們必須以合作為前提，共同克服每一個困難。

回顧

在日常生活中，我們以為盡量避免衝突可以減少不和諧的聲音，我們以為避開了衝突，問題就會自然而然得以解決，其實並非如此。

要解決衝突，重要的是抓住關鍵對話的那 30 秒，通過刻意練習讓自己的「系統 1」逐漸縮短時間，讓代表理智的「系統 2」站出來，為解決衝突而努力。

通過金潔的案例，我們明白了正視衝突其實比拒絕衝突更能解決管理中的問題。

以上的所有理論或方法都可以在合作思維的指引下實現。用合作思維獲得勇氣、轉變思維、正視衝突。之後其實還有很多工作，需要我們一起去探索。

第 19 章

正視衝突，
用衝突解決衝突

解決衝突的兩個有效步驟是：

第一步，對人不對事，

即在衝突中照顧好自己的情緒，

認真傾聽，保持共情。

第二步，對事不對人，

即把焦點放到事情本身上，

不要對人進行評判。

面對衝突，如果你不逃避，那麼你已經比絕大多數人更勇敢了。現在，我們再向前走一步，正視衝突。

處理衝突有兩個很有效的步驟：第一步是對人不對事，第二步是對事不對人。這兩步相輔相成，缺一不可。但我們往往在該對人不對事的時候，緊盯著事情不放，忽略他人的感受；在該對事不對人時，又左顧右盼。不信？請看看大名鼎鼎的比爾‧蓋茲（Bill Gates）曾經踩過的「坑」。

但凡使用電腦的人都知道比爾‧蓋茲是軟體霸主微軟的CEO。但很多人或許不知道，這份功勞不是蓋茲一個人的，微軟早期還有另一個非常重要的聯合創始人——保羅‧艾倫（Paul Allen）。

艾倫曾寫過《我用微軟改變世界》（*Idea Man*）一書，裡面詳細地記錄了他和蓋茲從相遇、共事，再到分歧、分手的經歷，還爆料了不少蓋茲的怪癖和他的很多瘋狂事蹟，其中就包括下面這場讓人啼笑皆非的衝突。

蓋茲非常熱衷於辯論，每次他都要把事情講明白，不達目的不罷休。艾倫在書裡這樣寫道：「有傳言說，微軟在所有的辦公室都安裝了特別訂製的門，防止資訊外洩。不過，就算真是這樣也沒用，當我和蓋茲吵起來的時候，上下隔八層樓你都能聽見我們的聲音。」

有一次，蓋茲和艾倫又在一個技術問題上產生了分歧。盡管艾倫在技術研究方面比蓋茲厲害得多，但蓋茲還是無休止地提出反對意見。艾倫聽了 10 分鐘，然後直視蓋茲的眼睛，說：「比爾，你說的這些沒有意義，你沒考慮到 X，Y 和 Z 這些問題。」

但蓋茲像是什麼都沒聽到一樣，還是繼續說個不停，他們的拉鋸戰持續了好幾個小時。這麼久的爭執耗盡了艾倫的好脾氣，他跟蓋茲一樣大吼大叫了起來。

但是艾倫本性上並不喜歡這樣做，他非常討厭這種拉鋸戰，他覺得自己快累死了。而且按照他對比爾‧蓋茲執拗脾氣的了解，這場架是吵不完的，他們可能會這麼一直吵下去。最後他疲憊地說：「比爾，我們的爭論沒什麼用的，我要回家了。」

蓋茲大喊：「你現在不能停下！我們還沒達成任何共識！」

艾倫說：「不，你不懂。我現在太沮喪了，我實在說不動了，我需要冷靜，我要走了。」

猜猜蓋茲是什麼反應？蓋茲追著他穿過辦公室、穿過走廊、來到電梯間，直到電梯門在他們之間關上的最後一刻，蓋茲還在喊：「可是我們的問題還沒解決呢！」

比爾‧蓋茲非常像你生活中認識的某個人吧——這類人特

別愛講道理，如果對方表達了不同觀點，他就一定要把道理掰扯清楚才肯罷休。

「對事不對人」是指在批評、衝突等場合，我們盡量要把焦點放在談論的事情上，而不要對他人進行評判，以便盡可能避免激起對方的逆反情緒。這個原則很有道理，在多數情況下能幫助衝突雙方理性地解決問題。但在合作思維層面上，這個道理還不夠透徹，因為只談事情本身並不能避免衝突或解決衝突。

你看蓋茲和艾倫的例子，兩個人都在談事情，他們並沒有涉及任何對人的評判。兩個理工男，在事情層面肯定能談得非常深入和透徹，可是最後怎麼樣了？雙方都不滿意，一方緊追不放，另一方幾乎是逃走的。到了最後，艾倫已經明確表達了自己在「人」的層面的感受：「我現在太沮喪了，我需要冷靜。」可是蓋茲還在「事」的層面上糾纏不休：「我們的問題還沒有解決呢！」大概不光是蓋茲這樣的技術宅男，很多人都覺得就事論事、不達目的不罷休是一種客觀中立，甚至是很有目標感的態度。讓我們拋下那些不理智、不客觀的情感吧，只要我們能把這件事情做成了，還管那些拖泥帶水的情緒幹什麼？大家都是成年人，成熟一點不好嗎？

不好。

　　如果你看過了前面的傾聽、共情、拒絕、提出批評等內容，你會知道，處理好彼此的情緒、維護好彼此的關係，對解決問題是多麼重要。在你想要「對事不對人」的情況下，溝通如果進行不下去，那肯定是因為在事情之外的層面上出了問題。

　　我們談合作式傾聽時提過，你需要把那盞注意力的聚光燈打在別人身上，讓對方充分訴說、不被打斷，這樣他回過頭來才會更願意聽你說話。

　　我們還講過該如何不帶攻擊性地提出你的意見，你甚至可以用關懷的方式提出批評，這樣對方才更容易接受，甚至能被激發出強大的自我激勵動機。

　　我可以從最現實的角度告訴你，先處理情緒，再處理事情，在很多時候都是解決問題最高效的方法。

　　我們要和那種「對事不對人」的觀點唱反調，處理衝突的第一步，就是要反其道而行之。「對人不對事」──這是符合合作思維的一種思維方式，因為在合作中，人比事情重要。

　　合作是起點，而不是結果──這是合作思維非常重要的一個層面。但是，合作思維還有更深的層面，那就是在合作中，人比事更重要。

　　任何層面的合作，本質上都是人與人的合作。人是有主

觀能動性的，只要我們用合作思維，時刻告誡自己「我們已經在合作關係上了」，就能在 A 通路、B 通路都無法走通的時候，共同去找 C 通路。如果只盯著事，就很容易形成「非 A 即 B」的模式。正是在「人比事更重要」這個認知基礎上，我們才能從尊重人的需求的角度講傾聽，才能從尊重人的情感的角度講共情，才能從尊重人的時間的角度講精準表達，才能從尊重自己的需求的角度講拒絕。我們講處理衝突時，提倡先對人不對事，也是同樣的道理。因為我們在沒有處理好人的情緒之前，是無法去處理引起衝突的事情的。

《關鍵對話》一書中提到了一個概念，叫作「雙路處理」。意思是，當你和另一個人溝通的時候，需要既能注意到對話的內容，也能注意到對話的氛圍。

對話的內容，就是「事」的層面，就是你們正在談論的工作、八卦或者家庭事務。所有人都能理解這一層。但是，溝通高手會在和你說話的同時，在更高的層次觀察人的層面——當下我們兩個人之間的氛圍是否和諧？我們此刻的信任有沒有出問題？

《關鍵對話》的作者說：「人們不會因為你表達的內容感到氣憤，他們之所以表現出抵觸情緒是因為在對話中失去了安全感。」

我們公司最近新入職了一個高級主管，他是一個有經驗的資深銷售，但我發現他有個特點：他會在某個問題上糾纏。比如，我可能在跟其他同事討論流量增長的手段，他會突然跳出來說這個方式不划算，肯定行不通。剛開始，我每次都跟他爭論不止，希望他拿數據說話，不要總是一上來就否定大家，但他還是會持續不斷地插入我們的對話。這時我發現，我和他兩個人根本不是在一個層面對話，我們想達到的目的根本不一樣。而且，我越是要制止他，他越是會提出更多意見。兩個人沒完沒了，每次對話完都很疲憊。

這種時候，誰先意識到問題的本質是什麼，誰就掌握了主動權。有一天，我們吵得不可開交時，我的腦袋裡突然「叮」了一下，合作思維敲醒了我——當在事的層面聊不下去的時候，我們要立刻轉到觀察人的層面上去。我忽然意識到，他不斷折騰的原因是缺乏安全感。我們總部在杭州，他們團隊在北京，而且他剛剛加入團隊，還沒做出什麼成績，現在他需要的是安全感。在這種時候，我首先肯定他的能力和資源，把安全的氛圍營造出來，這是能讓對話繼續下去的最佳方法。

雙路處理就是對人不對事的原則的運用。你越早意識到你和對方的對話氛圍出現了問題，就越容易把談話拉回正

軌，為此付出的代價也就越小。當你留意到對方的情緒激動起來，你自己也被帶著感到有些緊繃的時候，你就可以開始提醒自己，是時候處理對方的情緒問題了。曾經有一位前輩跟我說過一句話：「任何時候，你都要先處理情緒，再處理事情。」

那怎麼做到這一點呢？

第一個方法毫無疑問是傾聽。傾聽是合作的良好姿態，尤其在衝突過程中，當雙方都想贏過對方的時候，合作已經不復存在，而傾聽則能讓我們把焦點放在贏得盟友上，而不是贏得爭論上。

還記得嗎？習得反應式傾聽的重點是通過不斷練習，將其內化成習慣。它的步驟很簡單──忍、等、問。或許你們本來在爭論不休，但當你跳脫出來，意識到你們的對話氛圍出現了問題，從那一刻起，你就可以開啟反應式傾聽了：

1. 有意識地閉嘴，忍住打斷和爭論的衝動；

2. 多等一分鐘，讓對方把話說完；

3. 和對方確認：「你的意思是什麼，我這麼理解，對嗎？」

別忘了，你還有一個有力的武器──共情。它也有簡單的

兩步：

「停一停，放一放」和「拿起來」。「停一停，放一放」的意思是，暫時擱置自己的需求；「拿起來」的意思是，好好看看對方的需求，試著進入對方的感受中。你還可以將對方的感受言語化——「方案總是做不到滿意，你也很著急，壓力很大吧。」當你說出對方的感受，他會感覺自己被關注和重視。那種感覺非常美妙，他會更願意和你進行坦誠的溝通。

在寫作本書的過程中，幫我查資料的小伙伴說，她跟著我一起把合作思維一點點吃透了，現在，在任何衝突面前，她都能很熟練地運用共情。每次她跟同事說：「這段時間你這麼忙，真的是辛苦了。」「時間這麼緊張，你真的承擔太多壓力了。」然後，對方原本張牙舞爪的表情就會肉眼可見地慢慢鎮定下來。

這就是傾聽和共情的力量。情緒在人心裡永遠是最底層也最有力的。傾聽和共情能幫我們暫時放下事，把焦點放在對方這個人身上，為合作贏得空間。

「對人不對事」裡面的「人」不僅指對方，也指你自己。合作是兩個人的事情，你把對方這個人照顧好的前提是，你先照顧好自己。如果你在衝突當中已經失控了，那麼你就無法進行傾聽和共情。

　　相信在衝突中，你一定經歷過這種時候——一股無明火衝上來了，你的太陽穴「突突突」地跳，氣得話都說不流暢了，哪還有能力用什麼溝通技巧啊！什麼傾聽，什麼共情，沒上去扯對方的頭髮就已經不錯了！

　　這種時候，最好的方法就是暫停。不管是「忍、等、問」，還是「停一停，放一放，拿起來」，關鍵的第一步都是，暫停。

　　正吵得火熱的夫婦、針尖對麥芒的同事，只要其中一個人能暫停，情況就會出現反轉。人是很有趣的，吵架這事明明很累，也很讓人難受，但為什麼停不下來？因為我們很容易糾纏在這種焦躁的狀態中。同事每次開始說沒有重點的話時，我就會很想要反駁他、壓制他。這個循環一開始，雙方都非常焦慮。人就是這樣，越焦慮，注意力也就越狹窄。當一股無明火上頭，讓你頭腦不清楚時，你會機械化地在原有的模式裡反復打轉，更加焦慮，於是你在處理問題時就越糟，越糟就越焦慮，惡性循環就這麼開始了。

　　這時，誰能暫停，誰就破局了，就打開了一個新的局面。最好的暫停法就是坦誠地跟對方說：「對不起，我需要用10分鐘的時間冷靜一下。我們等一下再繼續這個討論，結果會更好。」

合作思維在這個過程中，時刻都在起作用。

「我明明是跟他在合作一個業務，為什麼我們一直在互相消耗？」——這是我跟同事對立起來時我不斷提醒自己的話。我們爭吵的這件事本身有多重要？他想通過這種爭執表達的究竟是什麼？你可以在暫停的時間裡，不斷問自己這些問題。當然，你也可以什麼都不想，就是靜靜體驗身體裡那種沸騰的感受，然後洗把臉、看一下書，轉移注意力，或者找個毛巾之類的東西擰，發泄掉身體裡的能量。這樣，你的情緒會慢慢平復，也會有精力去探究事情的真相。

還有一個方法可以幫我們更好地掌握「對人不對事」——對比說明法。

一般來說，在衝突中，雙方都會有感到受傷和被誤解的部分。用對比說明法澄清這些誤會，是重塑安全的對話氛圍的最好機會。對比說明法的句式提煉出來很簡單，就是「我不希望……而是希望……」。比如：

「我不希望讓你認為我對你的工作表現不滿意。相反，我覺得你有很多資源和經驗，我希望能繼續跟你合作。不過溝通效率對我來說很重要，我希望你能在這方面做出一些改進。」

「我不希望你覺得我不及時回覆你訊息，是嫌你煩。相反，我很在乎你，我希望你能開心。只是我自己的工作壓力也很大，有時候需要集中精力處理工作，我希望我們之間能互相諒解。」

你看，「我不希望」可以打消對方認為你不尊重他的誤解。「我希望」是肯定、確認你對對方的尊重，明確你的真實目的。這樣，你在安撫對方情緒的同時，也能心平氣和地澄清事實。用這個方法，我們就能在暫停鍵之後重返對話，然後再綜合運用傾聽和共情，消解掉對方情緒中最激烈的部分，讓衝突真正重返至合作的頻道上來。在這個基礎上，我們才能從「對人」進入「對事」的層面，運用合作思維找到雙方衝突事件的最佳解決方案。

回顧

對人不對事，是應對衝突的關鍵一步。但對人不對事並不是說，我們為了照顧他人的情緒，就要放下其他原則、放棄合作、委曲求全。對人不對事，是為了更好的堅持，是為了更好的合作，只有把負面

情緒掃清，理智才能回來，我們才能進入真正推進
事的層面。在面對衝突和矛盾時，我們除了用合作
式傾聽的方式，多加利用傾聽和共情外，還有一個
很重要的辦法就是暫停，暫停可以讓自己和對方看
到更多。而在合作思維下，利用對比說明法，即
「我不希望……而是希望……」句式，則能帶來更多
衝突解決方案。

第 20 章

A+B=C：
摒棄非黑即白的思維模式，
在矛盾中實現共贏

在非合作思維中，

只能有一個人是對的，

要不你聽我的，要不我聽你的。

從這個陷阱中跳出來，

站到更高點，

共同尋找一個讓雙方都滿意的共贏方案，

才是正途。

上一章強調處理衝突首先要對人不對事，先處理情緒，再處理問題。

現在，我們進入到下一步——對事不對人。當我們把情緒處理完畢，能夠和對方心平氣和地回到事情上，並不意味著分歧會隨之消失，其實它還在那兒。這時，如果處理不當，就會前功盡棄。

通常處理分歧不當的方式有兩種：一種是強制，一種是投降。

假設你已經認定把情緒處理好了，也不想激發對方強烈的反抗情緒。這時，你不會用大嗓門作為武器來壓倒對方，可是你可能仍然會試圖運用所有的理性工具來說服對方，你會擺事實、講道理、列數據，振振有詞、滔滔不絕，而你的目的只有一個：說服對方聽從你的意見。

還有一種更隱蔽的解決分歧的強制方式，那就是我們常說的「情感綁架」。為了讓別人聽你的，你可能會做出可憐兮兮的樣子，以博取別人的同情。比如每天愁眉苦臉、默默嘆氣，用不吃不喝不睡來折磨自己。

這兩種解決分歧的方式看上去力度不同，但其隱藏的姿態都是「強制」，就是企圖用各種方式達到「讓對方聽我的」這個結果。

很多人不理解：「不會啊，在衝突中我經常一秒就孬了，也不會堅持讓對方聽我的。我根本不敢和對方對著幹，有時候還偷偷安慰自己『吃虧就是占便宜』，但是心裡又憤憤不平。」我把這種解決分歧的方式叫作「投降」。

你發現了嗎？上面說的這些應對方式背後都有一種思維，就是兩個人之間只能有一個人是對的——一旦發生衝突，要不就聽你的，要不就聽我的。這是典型的非合作思維。

那麼，合作思維是怎麼應對衝突的呢？在事情層面上應對衝突、解決分歧有一個更好的方法，叫作「A+B=C」。這個知名的理論來自一位優秀的衝突解決專家洛蘭・西格爾（Lorraine Segal）。她的客戶有很多，從企業政府、非營利組織到個人。她曾在領英（LinkedIn）上被評為「衝突解決領域前 30 位專家」之一。在研究中，她對「只能有一個人是對的」這件事情進行了深入分析，在更高的層次上提煉出了一種心理現象——「改變他人的幻想」。這是什麼意思呢？她在一篇文章中這樣寫道：

很多來找我的諮商者都有這麼一種幻想，就是他們想在我這裡找到某種技巧或者方式，來幫助他們改變另一個人的想法或者行為。他們好像在找一根魔杖、一盞神燈或者一句

咒語，隨便你選哪個比喻。總之，他們希望那個人能立刻發生改變，如此一來，他們不用費力就能獲得他們想要的。

　　這些來訪者確信他們知道問題出在哪裡，大多數人認為，對方是問題的唯一原因，至少是主要原因。他們覺得，若想讓生活順利起來，就必須讓對方遵守正確的規則，按正確的標準做事。要是找一個公正的外星人翻譯一下，他們的意思八成是，「想讓生活順利起來，必須遵守我的規則，按我的標準做事」。

　　西格爾說：「如果把我的想法和行為看成 A，把你的想法和行為看成 B，那麼很多人會堅定地認為，只要把你的 B 扭轉成我的 A，我們倆保持一致，就能解決問題、萬事大吉。」

　　這是典型的非 A 即 B、非你即我、非黑即白的非合作思維。

　　這種思維經常在我們身上出現，而且比我們想像得更加頻繁。你仔細回想一下，最近讓你不爽的事情，是不是因為這種想要改變他人的幻想沒有被滿足？

　　當和同事發生爭執時，你腦中冒出：「你什麼都不懂！」

　　當伴侶總是不及時回覆你的訊息和電話時，你覺得對方這麼做根本不在乎你的感受，你問他：「你怎麼就不能多看看

手機？」

當你策劃了一場活動，希望媒體組同事去報導，媒體組同事卻用各種托詞拒絕你時，你心裡煩躁得不行：「你們怎麼就不能寫啊？」

每當你覺得別人「怎麼這都不懂」「怎麼這麼幼稚」「為什麼會這麼想」的時候，你的心都會狂喊：「聽我的！聽我的！你們怎麼就不能聽我的？」

但遺憾的是，大多數時候你很難讓對方的態度立刻產生180 度大轉彎、馬上聽你的，因為改變別人恐怕是世界上最難的事情之一了。因此，西格爾才會將這種心理稱為「改變別人的幻想」。

有人說：「我不是這樣的，我沒有想過改變別人。」在發生衝突的時候，尤其是對方嗓門很粗、脾氣很大的時候，你雖然不甘心，但你還是想著：「算了算了，你說什麼就是什麼吧，聽你的還不行嗎？」

本質上，這還是一種非 A 即 B 的價值觀，只不過和上面顛倒了過來──「這一次，我認為若要解決問題，就要把我的 A 扭轉成你的 B。」幻想的對象，從「你」變成了「我」，這還是上面我們提到的「投降」。

無論強制還是投降，其背後的非合作思維是一致的：兩

個人之間，只能有一個人是對的。一旦發生衝突，要不就是聽你的，要不就是聽我的。

但是，合作思維不一樣。在合作思維中，我們會從「非A即B」的陷阱裡跳出來，共同尋找一個讓雙方都滿意的、並且一開始誰都沒想到的第三種方案。這就是西格爾的著名等式：「A+B=C」。

在這種思維中，我們堅持的是解決分歧，而不是堅持哪個人的觀點。

在斯圖爾特‧戴蒙德所著的《沃頓商學院最受歡迎的談判課》一書裡，有一個很有趣的例子。

在巴黎的一個小房子裡，一位妻子想叫丈夫殺死兩隻不時在他們公寓裡竄來竄去的老鼠。

「它們會傳播疾病！」妻子說。

丈夫是一位風險投資家，他並不介意房子裡有老鼠：「它們只是一種沒有惡意的動物！」

怎麼辦呢？一個人要殺死老鼠，另一個人不忍心殺死老鼠。這位丈夫該提升音量、據理力爭，還是默默妥協、聽妻子的？睿智的丈夫想到了第三種方法：妻子的真正意圖不是殺死老鼠，而是不想讓老鼠出現在他們的房間裡。於是，他找到了老鼠進入房間的洞口，用灰泥將洞口完全堵住。

在這個案例中，殺死老鼠是 A，不殺死老鼠是 B，而把洞口堵上是 C。結果，C 這個做法讓各方都很滿意：丈夫、妻子，還有老鼠。

我也是在「A+B=C」這個思維的幫助下，解決了跟我母親的隔代養育衝突。隔代養育衝突是我們這一代年輕人常常遇到的問題，我們請父母來幫忙照顧孩子，但是我們和父母的養育觀念卻大相徑庭，為了養孩子這件事，家裡經常矛盾不斷。

我母親是一個狂熱的「餵飯愛好者」，在她看來，讓孩子吃飽是天下第一等大事。我丈夫對此非常不贊同，他覺得這樣的養育方式太可怕了，每次看到我母親追著我兒子小核桃餵飯，他就充滿黑色想像：「孩子自己連是飽是餓都不知道了，你餵他什麼，他就吃什麼，那麼等他將來上了幼稚園肯定也不會自己吃飯！以後呢，他肯定幹什麼都會沒有自主性！」

我母親每次被我丈夫這麼一說，臉色都很難看：「你懂什麼！你就知道來批評我！小孩子不好好吃飯能行嗎？你不餵他，他就真的不吃了！」

就吃飯這個問題，兩人分別找我投訴，各自都委屈得不得了，似乎非要讓對方聽自己的才能罷休。爭論得多了，我

母親就會一甩手說：

「好，我什麼都不管了，以後你們自己管！」

你看，要麼就是聽我的，要麼就是聽你的。但無論是哪一種結果，都會有人不爽。

若啟動「A+B=C」的思維模型，那會想到什麼好辦法呢？

說白了，大家都是為了小核桃的健康——奶奶擔心小核桃吃不飽，爸爸擔心小核桃沒有自主吃飯能力。於是，我跟所有人約定：先拿出半小時時間，任由小核桃自主吃飯；半小時過了，他要是還沒吃完，再考慮怎麼樣讓他吃飽。這個方法，聽上去照顧到了 AB 雙方的訴求，大家都暫時接受了。

安撫好 AB 雙方，我才有精力處理關鍵問題——去跟兒子小核桃溝通。畢竟，吃飯的主角是孩子。有時候我會邀請他扮演美食點評家，點評每一道飯菜。結果，他很快就入戲了，而且吃得津津有味。有時候，我會跟小核桃商量，如果半小時內能吃完飯，我就陪他玩畫畫接龍，這是他很喜歡的一個遊戲。這下子，多數時候他都能在半小時之內吃完。我母親一看，孩子自己能吃，就是吃得慢點，她也就放心了，她自己早早吃完就去社區裡參加模特隊了。我丈夫這下也放心了——這孩子是有自主吃飯能力的。所以，哪怕有幾次小

核桃沒在半小時內吃完，我母親忍不住餵他，我丈夫也沒以前那麼焦慮了。在這個思維之下，我們家的所有隔代養育衝突都有了底層解決思路。

但也有人給過我這樣的回饋：「你說的有道理，但 C 不是那麼好找的！聽你的例子都挺輕鬆，但是一到我自己身上就會卡住——我知道要去找 C，但是找不到！」

在告訴你找到 C 的方法之前，我想邀請你想像一個場面：有兩塊巨大的烏雲堆在你面前，遮住了你全部的視線，你怎樣才能在看到它們的時候，還能將更多的風景盡收眼底呢？

答案是，站到更高的地方去。

處理分歧也是一樣。如果你想在 A 和 B 的基礎上找到第三條路，你就要站得更高。

只不過，這個高不是實際的高度，而是分析問題的層次——我們常常被眼前的行為迷惑，看不到背後更本質的規律，而 C 恰恰藏在本質的規律裡，這時，我們需要區分出行動和利益的差別。

舉幾個例子。

「我想獲得一份教師的工作」——這是行動。

「我想要一份能夠讓我實現個人抱負的工作」——這是利

益。

「我想去北極旅行」——這是行動。

「我想要一些新的體驗」——這是利益。

我們用行動來實現自身的利益。通常，衝突是因為我們在行動上無法達成一致，可是，你別忘了，實現利益的行動並非只有一種。很多事情在行動層面無法協調，但如果在更高層次的利益上面，我們就可能發現超越短期妥協的新選擇。

我有一個女性朋友，她的育兒理念屬於偏管教的類型，她認為教養小孩子需要立規矩，讓他們遵守規定。但她丈夫推崇自由派的管教理念，認為小孩子的快樂成長最重要，不要那麼多管教和規矩。差異如此巨大的兩個人，育兒衝突接二連三：孩子一回家，媽媽就要她先洗手，把外套掛好；但是孩子爸爸則會帶著女兒在沙發上光著腳跳來跳去。小孩子能不能只吃肉不吃菜，已經有很多玩具娃娃還要不要再買……在這些問題上，夫妻雙方吵來吵去，一直吵不出結果。

剛剛講的這些衝突，都發生在行動層面。那麼，這背後的利益是什麼呢？

孩子媽媽從小處於被放養的狀態，她覺得當初父母要是對自己的管教更嚴格些，她或許有更多的機會和成就，所以

她認為不能讓這種遺憾在女兒身上重演；而孩子爸爸的成長環境則過於嚴格，父母的管教經常讓他喘不過氣來，所以他特別希望給自己的女兒多一些自由和包容。

他們在意的利益其實都是「我希望給孩子我童年缺失的東西，我希望自己在家庭中有存在感，在孩子的成長中扮演重要的角色」。既然是這樣，如果站在利益的高度，我們能不能想一個辦法，讓父母雙方都有機會給予孩子自己缺失的部分，並且在教養中扮演同樣重要的角色呢？

一定有。

後來，夫妻二人在家裡立下了這麼一條約定：孩子的衛生和健康遵循媽媽的意見——要勤洗手，肉和蔬菜都要吃，保證營養平衡；但是孩子的娛樂聽爸爸的——他們可以在沙發上跳，爸爸也有權決定給孩子買她想要的玩具。有了這條約定之後，他們家的育兒衝突就變得少多了。「A+B=C」的思維方式能幫助我們跳出「單一的僵化模式」，極大程度提升我們的生活品質。同時，這種思維方式在商業決策上也立竿見影。我朋友所開的公司在處理銷售部門和產品部門衝突時，也運用了「A+B=C」的思路。很多公司都會有類似的困境：銷售部門 KPI 壓身，需要趕緊把產品銷售出去，以增加營收。但產品部門則認為，對得起用戶的好產品需要精心打

造，只有測試研發的時間足夠長，產品的質量才有保障。

這是常見的職場矛盾。產品研發和銷售團隊的矛盾從來沒有斷過，因為大家的行動利益不同。

趕緊銷售和慢慢研發，是兩個部門各自的行動訴求，左右都有道理。這個時候再站高一點看，他們各自的利益是什麼呢？對銷售部門來說，利益是賣貨、出營收；而對產品部門來說，利益則是產品質量和用戶口碑。那麼，有沒有一種方案 C，讓公司既能盡快開始賣貨，又能持續提升產品質量、維護口碑呢？

他們最後想出了這樣的解決方案：盡快上架銷售，但不是以正式產品的形式，而是以價格比較低的內測版進行預售。購買這種產品的用戶可以給研發人員提建議，和研發部門一起改進產品。如此一來，公司既能從中獲得營收，又能廣泛吸收付費用戶的意見，幫助產品團隊做得更好。用戶加入進來，參與感「爆棚」，他們對公司的忠誠度和信賴感也大大提高了。

你看，從行為計劃上升到利益層面，會給我們帶來多麼廣闊的視野和不設限的驚喜。

回顧

最後，我想再談談女性和衝突之間的關係。

不論是先天因素還是後天社會文化的塑造，男性在面對衝突時比女性更激進、更好鬥。或許是因為在進化過程中，兇猛的男性能夠更好地守護自己的地盤和事物，這樣的基因已深深留在男性的身體裡。

又或者，這個社會崇尚的「男性氣概」就是強硬、果斷、從不輕易退讓。

研究表明，在衝突中，男性更加在意結果，而且他們在衝突中好鬥的表現比女性高了 25%。

相比之下，女性更善於在解決問題的同時兼顧關係，她們更善於提問，對在溝通中的情緒也能表現出更多的理解。

女性這樣的特質或許讓我們顯得比男性更容易迴避衝突，但事實上，我們擁有的另一些特質，比如擅長傾聽、共情等，會讓我們更容易用創造性的方法解決衝突，避免使衝突惡化成決鬥和權力之爭——只要我們突破心理的某些障礙，只要我們擁有勇氣。

可以說，女性要發揮自身影響力，最大的挑戰僅僅

在於勇氣。

而這份勇氣，正是合作思維可以給予的。

本書貫穿全文的就是四個字：合作思維。如果你讓我說，合作思維能給你的最大禮物是什麼？我想，那個答案應該是，勇氣——相信自己不用變成誰，也能做成很多事情的勇氣；在很多你本來以為很難的事情前，敢於邁出第一步的勇氣。

我常說，合作思維就是我的「北極星」。當我遇到困難的時候，抬頭看看星空，它總能給我更多的勇氣和辦法。

至此，我已經把這顆「北極星」的秘密全部分享給你了。

希望你即便是一個人趕路，也總有「北極星」的守護與陪伴。

現在，發揮你的影響力吧！

不知道閱讀本書的過程對你來說意味著什麼。

對我來說，在我的人生中，我又寫了一本符合我價值主張的書。

我把影響力的最底層思維，提取歸納為「合作思維」。一直以來，我是這麼想問題的，也是這麼做的。這些思維方式影響過我，我手寫我心，我把它們分享給你。

工作的這些年，我經歷過一些由性別帶來的挑戰。在談判桌上我步步追問，拿下了業務，結束後收到的回饋是：「嗯，你蠻強勢的。」

同樣的行為發生在男性管理者身上，他收到的回饋十有八九是：

「你很有領導力。」

女性因為懷孕生產，會喪失一定的工作機會。因為她們要養育孩子，因此會被不斷詢問：「你是如何平衡事業和家庭

的？」這個問題，在我創業這些年裡被問了無數次。

我沒有因為這種區別對待而有什麼憤懣或委屈，它只是一個問題。問題來了，我就去解決它。而且，這些固有的陳舊的觀念成了我的資源——我創辦了女性成長平台 Momself，願景是為所有的中國女性提供成長解決方案。

《合作思維：不必偽裝的影響力》這本書，就是解決方案之一。

就我十幾年的管理經驗，我可以保證，女性特別具有創造力和想像力，在解決問題上女性其實一點也不比男性差，只是很多時候女性的這種才能被恐懼掩蓋了。

美國洛杉磯市前副市長、全球 CEO 獵頭陳愉女士面試過 4000 位世界最頂級的精英。她說，她面試過的人只分三類：優秀的男性、優秀的女性和普通的男性。

所以，普通的女性去哪裡了？

普通的女性，在等待著自己變優秀的那一天。

我想通過本書打破的，是一種多年的騙局，特別是針對女性的騙局。我們一直以為自己要足夠優秀、足夠厲害，才能擁有影響力，我們不斷在心裡掂量自己：「我不厲害啊，我不行啊，我沒有對方職位高，看上去我也沒有對方有才華！」

在很多機會面前，我們摳著手指，全程閉嘴，心裡想：

「等我再厲害一些吧！等我再優秀一些，我再去影響別人！」

我們在這個騙局一樣的怪圈裡蹉跎下去。

本書就是要打破這個局面。我們不需要變成誰，我們不用變得很厲害，也能做成很多事情。

當你經過反復練習，把合作思維成功內化為一種習慣時，不管在什麼情況下，你都能第一時間想道：「我們是合作關係，我要為對方做什麼呢？」於是你就會去做，不會再考慮自己優不優秀、厲不厲害。

而當你成為別人最親密無間的伙伴時，你就已經在影響他了，這無關地位、權力，你成了他的資源，你已經在發揮屬於你自己的影響力。著名主持人張泉靈在朋友圈分享過一個例子，她說：「我和很多化妝師合作過。一流的化妝師在化妝前都會去現場看燈光，會問導演節目的整體風格、後期怎麼做，然後才化妝，因為他要保證合作方的妝容是跟場合契合的。二流的化妝師會給你帶各種保護衣服的圍裙，甚至提前給你敷個面膜。三流的化妝師就只會化妝。」總結一下，一流的職場人士了解上下游的工作流程，並且關注產品最後的效果，而不僅僅是自己流程結束的效果。二流的職場人士至少會關注和自己工作相關的用戶體驗。三流的職場人士就是自掃門前雪，掃掃而已。

　　單從技術上來講，有沒有可能這三種化妝師的化妝水平其實差不多？很有可能。但是因為合作思維，這三種化妝師有了不同的影響力。

　　還記得前言裡的那段話嗎？

　　我希望本書除了能幫你樹立合作思維的意識、獲得合作思維的能力之外，還能給你帶來某種信念：我希望你相信自己。相信自己的意義，不是讓你挑戰權威或是壓倒某人，相信自己的意義在於：你能為這個社會做出貢獻——貢獻新的視角、新的願景、充滿啟發的觀點。雖然生活充滿了種種不確定性，但可以確定的是，這個世界上存在著更本質、更深刻、更美好的東西，它需要我們通過發揮自己的影響力，去發掘、去實現。

　　不要輕易錯過那些重要的東西，願影響力能成為你的守護者。

　　最後，想感謝「影響力」業務組和編輯組的伙伴們。感謝金金，沒有她的影響力，我不會在高強度的工作下，還能擠出時間，又完成了一部新的作品。感謝王妍和李松蔚，他們總有無數的新點子，讓一件件枯燥的事情變得有趣。感謝

一鳴和鈺鴿，我們在無數個深夜與凌晨寫稿，為一個觀點查閱了無數資料。特別是一鳴，她在成稿階段擔任了本書的創作助理。感謝金潔，在這本書的「出生」過程中，一直忙前忙後。感謝唐驥，她的案例被我多次寫在書裡，激發了我很多創作靈感。

感謝宣發組的伙伴們，她們從不放棄任何一個通路。她們唯一的心願，就是希望多影響一個用戶。

最後，感謝我的家人。只有他們見過我因為壓力蓬頭垢面、煩躁不堪的樣子；也只有他們，始終包容我、不離不棄，給了我在殘酷世界裡奮勇向前的底氣和勇氣。

願每一位讀者，在以後的日子裡，時刻懷有某種信念，勇氣滿滿，找到屬於自己的影響力。

後會有期。

合作思維
不必偽裝的影響力

© 崔璀，2020
本書中文繁體版由杭州摩米文化創意有限公司通過
中信出版集團股份有限公司授權
大雁文化事業股份有限公司 大寫出版
在香港澳門台灣地區獨家出版發行。
ALL RIGHTS RESERVED

出 版 者　大寫出版社
書系〈catch On! 知道的書〉　HC0099
著　　者　崔璀
行銷企畫　王綏晨、邱紹溢、陳詩婷、曾曉玲、曾志傑
大寫出版　鄭俊平
特約編輯　黃少璋
發 行 人　蘇拾平

發　　　行　大雁文化事業股份有限公司
　　　　　　台北市復興北路 333 號 11 樓之 4
　　　　　　24 小時傳真服務（02）27181258
　　　　　　讀者服務信箱 E-mail: andbooks@andbooks.com.tw

初版一刷 2020 年 11 月
ISBN 978-957-9689-53-3
定價 360 元

國家圖書館出版品預行編目（CIP）資料

合作思維：不必偽裝的影響力 / 崔璀著
初版｜臺北市：大寫出版：大雁文化
事業股份有限公司發行, 2020.11
288 面 ; 15*21 公分
ISBN 978-957-9689-53-3(平裝)
1. 人際關係 2. 人際傳播 3. 成功法
177.3　　　　　　　　109017488